체사레 벡카리아의

범죄와 형벌

한인섭 신역

傅 英 社

체사레 벡카리아(1766)

DEI DELITTI

E

DELLE PENE.

coll'indicazione delle varianti nell'autografo contenute

In rebus quibuscumque difficilioribus non expectandum, ut quis simul, & serat, & metat, sed praeparatione opus est, ut per gradus maturescant. Bacon. Serm. fidel. num. XLV.

MDCCLXIV.

범죄와 형벌 초판 표지.
1764년(MDCCLXIV)의 표시는 있지만,
저자와 출판사는 나와 있지 않다.

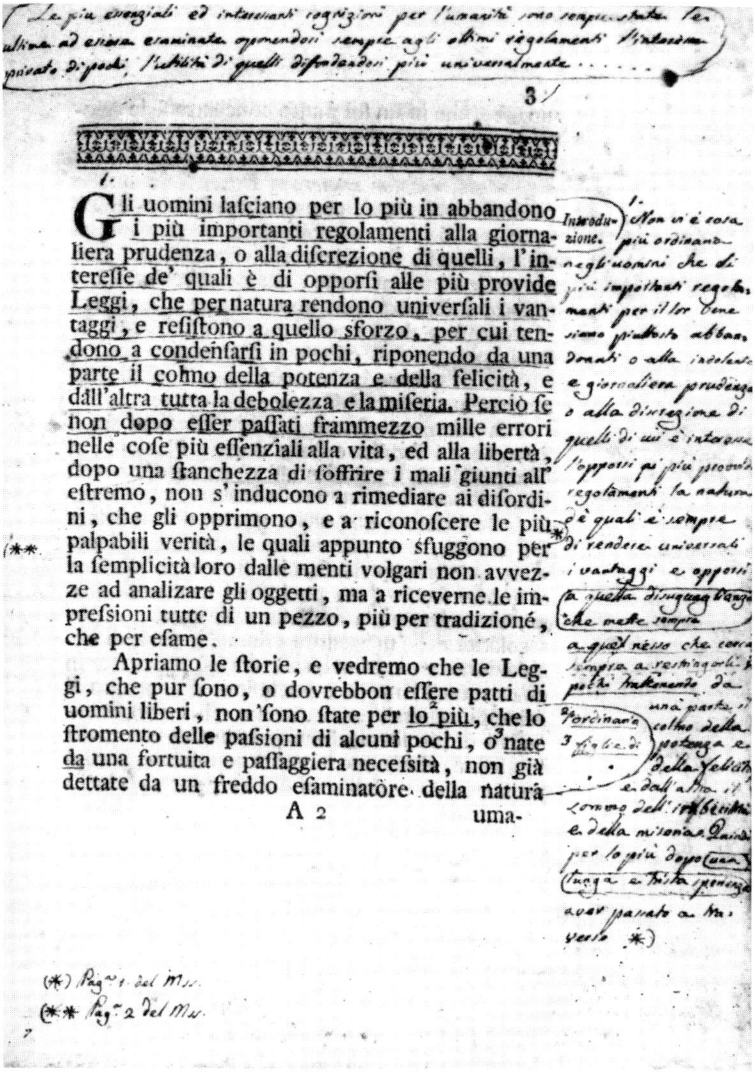
3

Gli uomini lasciano per lo più in abbandono i più importanti regolamenti alla giornaliera prudenza, o alla discrezione di quelli, l'interesse de' quali è di opporsi alle più provide Leggi, che per natura rendono universali i vantaggi, e resistono a quello sforzo, per cui tendono a condensarsi in pochi, riponendo da una parte il colmo della potenza e della felicità, e dall'altra tutta la debolezza e la miseria. Perciò se non dopo esser passati frammezzo mille errori nelle cose più essenziali alla vita, ed alla libertà, dopo una stanchezza di soffrire i mali giunti all'estremo, non s'inducono a rimediare ai disordini, che gli opprimono, e a riconoscere le più palpabili verità, le quali appunto sfuggono per la semplicità loro dalle menti volgari non avvezze ad analizare gli oggetti, ma a riceverne le impressioni tutte di un pezzo, più per tradizione, che per esame.

Apriamo le storie, e vedremo che le Leggi, che pur sono, o dovrebbon essere patti di uomini liberi, non sono state per lo più, che lo stromento delle passioni di alcuni pochi, o nate da una fortuita e passaggiera necessità, non già dettate da un freddo esaminatore della natura

A 2 uma-

(*) Pag.ª 1. del Ms.

(** Pag.ª 2 del Ms.

초판이 나온 뒤 만 2년 사이에
벡카리아는 여섯 번에 걸쳐 내용을 수정했다.

피터 브뤼겔(1525-1569)이 그린 상상화. 하단 가운데 정의의 여신이 있다.
하단 왼쪽부터 시계 반대방향으로 고문과 자백강요, 규문주의적 재판,
갖가지 형벌의 집행장면이 치밀하게 그려져 있다.
구시대의 형사절차와 형벌은 벡카리아의 표적이 되었다.

벡카리아의 저작은 인쇄술 발명 이래 가장 신속하게
각국어로 번역되어 광범위하게 읽혔다.
오늘날까지 각국어의 새 번역이 계속되고 있다.

목　차

새 번역판(2006년)에 부쳐 ······ iv
체사레 벡카리아와 『범죄와 형벌』 ······ vii
번역본에 대하여 ······ xxvii

독자에게 ······ 1
서　론 ······ 7
1. 형벌의 기원 ······ 11
2. 형벌권의 근본원리 ······ 13
3. 앞장의 원리로부터의 귀결 ······ 16
4. 법률의 해석 ······ 19
5. 법률의 불명확성 ······ 24
6. 범죄와 형벌 사이의 비례 ······ 27
7. 형벌의 측정에서 범하는 오류 ······ 32
8. 범죄의 분류 ······ 35
9. 명예에 대하여 ······ 39

목 차

10. 결 투 ········· 43
11. 공공의 평온 ········· 45
12. 형벌의 목적 ········· 48
13. 증 인 ········· 50
14. 범죄의 입증과 재판방식 ········· 54
15. 밀고(密告) ········· 59
16. 고 문 ········· 63
17. 벌금형에 대하여 ········· 74
18. 선 서 ········· 78
19. 형벌의 신속성 ········· 80
20. 폭력범 ········· 84
21. 귀족에 대한 처벌 ········· 86
22. 절 도 ········· 89
23. 명예훼손 ········· 91
24. 무위도식에 대하여 ········· 94
25. 추방 및 재산몰수형 ········· 97
26. 가족의 정신 ········· 100
27. 형벌의 관대성에 대하여 ········· 106
28. 사 형 ········· 111
29. 미결구금 ········· 124
30. 소송기간 및 시효 ········· 129
31. 입증하기 어려운 범죄 ········· 133

목 차

32. 자살 및 국적이탈 ··· 139
33. 밀수입에 대하여 ··· 146
34. 파산에 대하여 ··· 149
35. 성역에 대하여 ··· 154
36. 현상금에 대하여 ··· 156
37. 미수 · 공범 및 제보한 공범에 대한 형면제 ··· 159
38. 유도신문에 대하여 ··· 163
39. 특별한 종류의 범죄에 대하여 ··· 167
40. 그릇된 공리관념에 대하여 ··· 170
41. 어떻게 범죄를 예방할 것인가 ··· 174
42. 지 식 ··· 177
43. 재판관 ··· 183
44. 포 상 ··· 185
45. 교 육 ··· 186
46. 사 면 ··· 188
47. 결 론 ··· 191

새 번역판에 부쳐

벡카리아의 『범죄와 형벌』은 출간된 지 250년이 경과한 지금까지도 기념비적 고전으로 자리잡고 있다. 각국의 근대 형사법제와 인권의 토대가 되었을 뿐 아니라, 권력남용을 견제하고 인도주의를 추구하려는 입지점은 시대를 초월하여 공감을 얻고 있기 때문일 것이다. 그의 저서는 출간 즉시 유럽의 전 지역에 퍼졌고 각국어로 번역되었지만, 최근에도 각국에서 재번역되고 있는 중이다.

역자가 한글판 번역[1]을 내놓은 것은 1995년에 이르러서이다. 이 책은 널리 소개되었고, 꾸준히 읽혔다. 전공자들에게는 필요한 참고서였고, 학생들에게는 교양서로서의 기능을 인정받았기 때문이라 생각한다. 그러나 아쉽게도 출판사가 재정적 어려움 때문에 문을 닫게 되었다. 그러던 차 박영사로부터 이 책을 재출간하겠다는 의향을 전달받았다. 번역상의 미진함을 여러 차례 느껴오던 터라, 이번 기회에 미진한 부분을 해소하고자 했다. 자세히 살펴보니 몇 문장을 수정하는 정도로 될 일이 아님을 알았다. 그래서 완전히 새 번역을 하기로 작정하고 집중적으로 작업했다. 최근의 여러 해외판을 함께 참조하면서, 목차와 내용에서 가장 진전된 부분을 담고자 했다.

특히 정확하고 쉬운 번역을 지향했다. 벡카리아의 저서를 이해하기 위해서는 계몽사상과 공리주의 철학에 대한 지식이 요구된다. 저자가 핍박을 피하기 위해 의도적으로 모호하게 만든 부분들이 적지 않아 정확한 해석이 무엇인가의 고민도 있었다. 여러 번역본을 함께 참고하면서 원문의 정확한 의미를 짚어보고자 애썼다. 아울러 소위 번역체를 줄이고 쉽게 이해될 수 있도록 문장에 많은 신경을 썼다. 이전에는 이 책의 독자층을 대학생 이상으로 잡았다면, 이번 번역에서는 고등학생도 읽고 느낄 수 있도록 배려했다. 이렇게 하다 보니 이전 번역판과 같은 문장이 거의 없을 정도가 되었다. 개정판이 아니라 새 번역판이라 한 것은 그런 이유에서이다.

책임감에서 새 번역에 착수했지만, 마치고 난 뒤에는 오히려 약간의 희열감을 느낀다. 미처 몰랐던 보석들을 재발굴하는 느낌을 얻을 수 있었기 때문이다. 우리 사회에서 1995년 이전에는 가장 기본적인 인권의 문제, 즉 인간이 인간을 때릴 수 있는가, 인간이 인간을 죽일 수 있는가, 특히 국가가 그런 짓을 해서 되는가 하는 원초적 의문에 답해야 했던 시기였다. 고문과 사형의 폐지, 형벌권의 남용문제, 형사절차의 난맥상 등이 자연히 주목되었다. 지금 우리 사회의 단계가 이 정도는 대체로 넘어선 것 같다. 그러자, 그 전에는 막연히 스쳐간 쟁점들이 새롭게 부각됨을 느낀다. 가부장제에 대한 비판, 여론의 맹신에 대한 지적, 가혹한 형벌과 사면과의 역설적인 연관성에 대한 통찰 등이 눈앞에 펼쳐지는 것이다. 나아가 일상적으로는 생각 없이 넘어가는 근본질문 — 가령 특정한 범죄와 특정한 형벌의 기원은 무엇인가? 그런 범죄와 형벌은 필요한가? 정당한가? — 을 반성적으로 제기케 하는 데서 고전의 힘을 느낀다.

이렇게 독자의 관심사에 따라 제공될 답변이 풍부하다는 사실이 이 책을 거듭 주목케 하는지도 모른다. 독자는 이 책에서 자기 나름대로의 질문과 답변을 찾아보고, 저자와 대화하는 심정으로 접근하면 훨씬 더 좋으리라 생각한다. 현재의 제도와 관행을 당연시하는 태도를 버리고, 그 기원과 존재근거를 깊이 추구해서 보다 바람직한 대안을 모색하는 이들에게는 이 책과의 인연은 더없이 유용할 것이라 생각한다.

2006년 11월

한 인 섭 씀

체사레 벡카리아와 『범죄와 형벌』

한 책의 운명은 그 저자보다 더욱 위대하다는 말이 벡카리아(Cesare Beccaria, 1738-1794)의 『범죄와 형벌』(*Dei Delitti e delle Pene*)의 경우처럼 잘 들어맞는 예도 없을 것이다. 1764년 초판이 나온 이래, 이 책은 합리적이고 인도적인 형사법과 형사정책을 구현하려는 이들에게 불멸의 고전으로 자리잡고 있다. 형법과 형사절차에서 잔혹하고 야만적인 요소를 일소하고, 계몽적 인도주의 시대를 열었으며, 근대적 형사법의 초석을 놓은 데는 본서의 기여가 거의 절대적이라 해도 과언이 아니다. 본서가 제기한 쟁점과 그 해결책은 프랑스혁명 전야였던 당시는 물론 오늘날까지 진지한 검토를 요하는 것이다. 고문과 사형의 철폐를 본격적으로 제기한 사실 하나만으로도 본서의 생명력은 앞으로도 영구할 것이다. 초판이 나온 지 230년이 지난 지금, 전 세계의 언어로 번역되었고 형사법제에 관심을 갖는 이들의 필독서가 된 지 오래인 본서를 이제야 국역하면서 참으로 만시지탄의 심정을 금할 길 없다.

본서는 짧은 분량에도 불구하고 그리 쉽게 읽혀지지 않는다. 당시의 시대적 배경과 저자 자신의 지적·사회적 배경을 우선적으로 이해해야 하며, 당시의 억압적 환경에서 저자의 내심을 그대로 드러낼 수 없던 사정에서 숨겨놓은 뜻을 발견해내기 위해서는 행간을 읽어내는 지혜도 아울러 요구된다. 저자가 대결하려 했던 앙시앙 레짐의 형벌 및 형사절차의 실상을 제대로 알지 않고서는 본서 전체를 지배하고 있는 터질 듯한 긴장감을 공감할 수 없으며, 그럴 때 본서는 맥 빠진 교훈서로 치부될 수 있다. 따라서 당시의 시대적 환경과 본서 출간의 의미, 저자의 지적·사회적 환경, 본서의 국제적 파장, 오늘날의 의미 등에 대해 간략한 해설이 필요하리라 본다.

1

본서의 초판은 1764년 이태리의 투스카니에서 익명으로 출판되었다. 커다란 박해에 대한 불안과는 달리, 본서는 간행 즉시 전유럽을 강타했다. 2년 이내에 이태리판은 6쇄를 보였으며, 몇 개의 불어판이 나타났고, 영어판이 나타났다. 인쇄술의 시대 이래 어떤 주제에 관한, 어떤 책도 이처럼 신속하고 광범위하게 번역되어 읽혀지고, 열정적으로 찬양된 경우는 없었다.

1766년의 모렐레(Abbé Morellet)의 불어판은 전유럽의 학계와 살롱·궁정에 급속한 유포를 위한 계기를 제공했다. 계몽사상의 본거지였던 파리에서는 달랑베르, 헬베티우스, 뷔퐁, 홀바흐 등 계몽사상가들과 마침 프랑스를 방문중이었던 영국의 흄(Hume) 등이 본서에 대해 열렬한 찬탄을 퍼부었다. 그 중에서도 계몽사상의 중심 기수였던 볼테르(Voltaire)는 본서를 인권장전(le code de l'humanité)으로 격찬하고, '한 권의 탁월한 책을 통해 유럽을 교육시킨 자애로운 천재'로 감탄했다. 그는 감탄에 머물지 않고, 거기에 상세한 주석을 붙여 형법개혁의 동력으로 삼았다. 프러시아의 계몽군주 프레데릭 2세는 볼테르에게 보내는 편지에서 '벡카리아는 형법 분야에서 더 이상 추구될 것을 남겨두지 않았다'고 감탄했다. 오스트리아의 마리아 떼레자 여제는 본서의 원칙에 따라 형법개혁을 할 것을 선언했고, 러시아의 캐더린 대제는 저자에게 자신의 궁정에 와 개혁작업에 조력해줄 것을 요청하기도 했다.

영국에서 벡카리아의 저서는 블랙스톤(W. Blackstone)의 사상을 체계화하는 데 결정적인 도움을 주었다. 무엇보다 벤담(J. Bentham)의 공리주의 사상은 벡카리아의 영향을 직접적으로 반영한다. 그의 유명한 '최대다수의 최대행복'이란 용어도 본서에서 따온 것이다. 벤담은 벡카리아를 '나의 스승, 이성의 첫번째 사도, 공리성의 원칙에 너무나 유용한 길을 제시하여 우리가 할 일을 없애버린 분'으로 썼다. 미국에서 아담스(J. Adams)는, 반영감정이 고조되고 있던 독립전야인 1770년 보스턴 대량학살에 관여한 혐의로 재판을 받던 영국 군인을 대중여론에 거스르면서까지 변론을 맡으면서, 벡카리아의 유명한 말을 인용하였다. 그가 "인류의 권리와 불굴의 진리를 옹호함으로써 폭정과 무지에 희생되어온 불행한 자들 중 단 한 명이라도 죽음의 불안과 고통으로부터 구제해 낼 수 있다면, 온 인류가 무시하더라도 환희에 넘친 그 무고한 자의 감사와 눈물은 내게 충분한 위로가 될 것이다"는 인용구(제11장)와 함께 변론을 시작했을 때, 배심원과 흥분해 있던 청중 가운데 전류에 감전된 듯한 효과가 일었다고 한다. 이 사례는 벡카리아의 확신이 구체적 역사 속에 얼마나 힘을 발휘할 수 있는가 하는 점을 웅변해 준다.

본서의 광범한 확산과 찬양에 압도당한 탓인지 그에 대한 비판은 예상외로 무기력한 것이었다. 1766년 로마 카톨릭은 본서를 극도의 합리주의적 선입관을 지닌 것으로 비난하면서 금서목록에 올렸다. 맹목적 신앙과 귀족정에 대한 본서의 비판은 카톨릭측 수도사인 파치나이(A. Facchinei)의 공격을 야기시켰고, 그에 대한 벡카리아의 반론은 본서의 '저자의 머리말'을 통해 이루어졌다. 벡카리아가 살던 밀라노는 당시 오스트리아의 지배하에 있었는데, 오스트리아 정부는 벡카리아를 매우 옹호했으며, 밀라노의 팔라티노 대학에 교수직을 제공함으로써 격려했다. 상황이 이렇게 돌아가자 비판자들은 그 저서에 대해 직접적인 공격을 삼가는 반면, 그의 성품의 결함을 들어 공격하는 방향으로 전환했다.

2

벡카리아는 1738년 3월 15일 밀라노의 미미한 귀족가문에서 태어났다. 그는 청소년기 파르마의 제주이트계 학교에서 교육받았는데, 이 때의 교육에 대해 후일 '광신적'인 것으로 비판한 바 있다. 그 뒤 파비아 대학 법학부에 진학하여 1761년 학사학위를 받았다. 1761년 그는 몽테스키외의 '페르샤인의 편지'를 읽고부터 프랑스의 계몽사상에 심취해 들어갔으며, 그를 통해 '문학적 명성의 성취와 인간의 자유에 대한 옹호, 인간의 불행에 대한 동참'을 자신의 이상으로 설정하게 되었다.

1761년 그의 개인사에서 의미있는 사건이 일어났다. 그는 스페인계 귀족의 딸과 사랑에 빠졌는데, 신부될 사람이 가문과 재산이 보잘 것 없다고 하여 그의 부친은 결혼을 극력 저지하였다. 벡카리아는 심지어 3개월간 가택연금을 당하기도 하는 등의 압력에도 불구하고 과감히 결혼을 거행하였다. 나중에 그는 부친의 용서와 생활지원을 요청하였고, 그에 대해 부친은 최소한의 생활을 할 수 있는 범위 내에서 마지못해 지원해주었다. 부친의 행태에서 보이는 것과 같은 귀족주의적 가부장제에 대한 젊은 벡카리아의 반감은 본서의 여러 곳에서도 뚜렷히 표출되고 있다.

『범죄와 형벌』이 나오기까지 절대적인 영향은 베리 형제를 통해서 이루어졌다. 그 중 형인 피에트로 베리(Pietro Verri)는 폭풍같은 성품과 탁월한 지적 자질을 갖춘 지식인으로, 1760년부터 밀라노의 정치적·사회적·문학적 개혁 프로그램을 만들어내고 있었다. 베리 형제를 중심으로 한 밀라노의 젊은 지식인들은 후일 *Academy of Fists*로 불리우는 서클을 결성했고, 이들은 경제적 혼란상, 관료주의적 횡포, 속좁은 광신주의, 현학적 문체 등에 대해 예리한 공격을 감행했다. 그리고 1764년에 이르러 자신들의 사상을 전파하기 위해 *Il Caffè*라는 저널을 간행했다. 이 잡지는 1765년 폐간되었지만 이토록 짧은 기간에 74호까지 발간되었고, 다룬 주제도 국민경제·법학·자연과학·대중오락 등 매우 광범위한 것이었다. 이같이 뜨겁고도 활력있는 지적 분위기 속에서 벡카리아의 문제의식과 사상체계가 세워졌음은 의심할 나위가 없다.

1764년에 이르기까지 벡카리아는 피에트로 베리의 권유하에 몇 가지 논문을 썼다. 가령 '1762년 밀라노의 통화혼란에 대한 대책', '밀수에 관하여' 등이 그것이다. 『범죄와 형벌』 역시 베리의 권유와 지도 하에 이루어졌다. 이 책에 착수했을 당시 벡카리아는 이 주제에 대해 무지했던 반면, 피에트로 베리는 '고문의 역사에 대한 고찰'을 거의 끝낼 정도로 상당한 식견을 갖추고 있었다. (이 논문은 그의 사후에 출판되었다.) 처음 베리는 이 주제를 벡카리아에게 제안했고, 벡카리아에게 필요한 자료를 제공했으며, 벡카리아의 초고를 동료들과 토론하고, 쓰여진 글을 다듬고 배치하며 한 권의 책으로 될 수 있도록 했다. 물론 본서는 벡카리아의 책임 하에 쓰여진 것이지만, 피에트로 베리의 역할이 없이는 탄생될 수 없는 저작이라는 점에서 본서의 영광의 상당부분은 이 패기와 역량을 겸비한 계몽주의자에게 돌려져야 할 것이다.

역사적 저작은 역사적 사건과 함께 하기 마련이다. 『범죄와 형벌』은 당시 프랑스와 전유럽을 뒤흔들었던 칼라스(Jean Calas) 사건으로 촉발된 것이라 해도 과언이 아니다.

칼라스는 보르도의 명망있는 가문에서 탄생하였고, 위그노(프랑스의 프로테스탄트의 일종)교도이자 거상이었다. 종교문제가 심각한 사회에서 그는 둘째 아들이 카톨릭으로 전향하는 것도 조용히 감내할 정도로 관용적인 인물이었다. 큰아들은 변호사가 되고자 하였으나 그의 개신교 신앙이 문제되어 그 목표가 좌절된 뒤 우울증에 빠져 있었다. 문제의 1761년 10월 13일 저녁 칼라스의 자택에서 큰아들의 기분을 달래주기 위해 그의 친구를 집으로 초대하여 식사 후 환담도중 아들이 자리를 비웠는데, 밤중에 손님을 배웅하러 나간 남동생이 형이 목을 매어 죽은 것을 발견하였다. 곧 아버지 칼라스를 불러 시체를 땅에 눕히고 끈을

풀었지만 이미 사망한 다음이었다. 다음날 새벽 보르도의 시법원 판사가 사체를 검시하였다. 검시에 모인 사람들 중에 누군가가 장자 마크앙뜨완느가 카톨릭으로 개종하려 했기 때문에 가족에 의해 살해되었다고 소리쳤다. 시법원 판사는 이 말을 듣고 칼라스 가족을 체포하였다. 첫번째 신문에서 칼라스 부부는 시체가 '바닥에 놓여 있는 상태에서' 발견하였다고 허위진술을 하였다. 자살을 범죄로 인정한 종교법에 따르면, 자살자의 경우 벌거벗겨져서 거꾸로 세운 다음 거리에 질질 끌려 다니다가 마지막에 교수대에 매달리는 처벌을 받도록 규정되어 있었기 때문에, 자신의 사랑하던 아들이 그러한 지경에 처해지는 것을 막아보려는 부정(父情)에서 허위진술을 한 것이다. 그러나 그들은 곧 그러한 진술을 번복하고, 목을 맨 상태의 시체를 먼저 발견하였다고 주장하였다. 이들에게 합법적인 '사법적 고문'이 행해졌지만, 그들은 일관하여 범행을 부인하였다. 그러나 고등법원에서는 사형에 처해졌다. 형장으로 가는 수레에서도 군중들에게 자신은 무죄라고 소리쳤다. 2시간 여의 거형(車刑)의 고통 속에서도 그는 자백을 하지 않았고, 결국 교수대에서 처형되었다. 가족의 일원인 다른 피고인들은 고문의 공포를 이기지 못해 허위자백을 했고, 카톨릭으로 개종하였다. 1762년 3월 9일 그들의 전 재산은 국가에 의해 몰수되었고, 한 가족의 처참한 파멸로써 사건은 종결되었다.

이렇게 끝난 사건을 다시 살려낸 것은 계몽사상의 챔피언이었던 볼테르였다. 그는 칼라스 사건의 전말을 우연히 전해듣고 그 사건의 역사적 중요성을 절감했다. 고등법원의 사건기록을 비밀리에 등사해 와서 분석하고, 칼라스의 가족을 만나 칼라스의 무죄를 확신하였다. 칼라스 부인으로 하여금 대법원에 상고하도록 하면서, 볼테르는 수많은 팜플렛과 기사를 썼고 지식사회를 자극하였다. 대법원은 결국 여론의 압력에 못 이겨 상고허가를 내렸다. 상고심에서는 고등법원에서 고의적으로 무시되었던 자료들이 검토되었고, 결국 큰아들은 자살한 것으로 결론지었다. 1765년 3월 9일 칼라스가 처형된 지 정확히 3년이 되는 날 칼라스의 무죄와 복권이 선고되었다. 고등법원의 사건담당 판사는 후일 자책감으로 자살하였다고 한다.

이 사건은 한 개인의 사후 명예회복의 차원을 넘어서, 앙시앙 레짐의 형정 전반이 가진 문제점을 압축적으로 보여주었다. 모든 사건의 진실을 압도해버린 종교적 광기와 편견! 자살자에 대한 비인간적인 처벌! 무자비한 고문에 의한 조작! 결백한 자에 대한 돌이킬 수 없는 사형제도! 잔혹한 처형! 어떠한 권리주장도 불가능하게 만드는 재판제도! 이들이 합쳐져서 무고한 시민에 대한 합법적 살인행위가 자연스럽게 이루어질 수 있었던 것이다. 그냥 평범하게 끝날 수 있었던 사건 속에 숨겨진 진실과 역사적 의미를 찾아낸 것은 볼테르를 비롯한 계몽사상가들의 공적이었다. 칼라스에 대한 무죄판결은 앙시앙 레짐의 형정 전반에 대한 공격이자, 계몽의 승리를 압축하여 보여준 것이었다.

벡카리아의 저작은 칼라스가 죽은 지 2년 뒤에 출판되었다. 계몽사상가들에 의한 칼라스 사건의 문제화는 밀라노의 지식사회에도 큰 영향을 끼쳤으며, 『범죄와 형벌』을 쓰게 된 동기를 제공했고, 서술방향에도 직접적인 영향을 끼쳤다.

이렇게 쓰여진 벡카리아의 저술은 다시 프랑스 지성계를 강타했다. 파리의 계몽사상가들은 이 책을 읽고 그 내용에 대해 열렬히 공감하였다. 계몽사상가들의 형벌에 관한 언급이 간간히 있어 왔지만, 아직 구래의 야만적인 형벌제도에 대한 포괄적인 비판과 대안이 아직 나오지 않았던 상황에서, 이 책은 복음과도 같은 것이었다.

벡카리아의 저서를 대하고 더없이 공감한 볼테르는 1766년 『범죄와 형벌』에 대한 상세한 주석을 통해 응답하였다. 볼테르의 주석은 라바르(Chevalier La Barre) 사건을 계기로 이루어졌다. 이 사건은 라바르라는 청년이 한 교량 위에서 그리스도의 십자가상을 훼손시켰고, 한 종교행렬 앞에 무릎을 꿇지 않았으며, 종교적으로 저속한 노래를 불렀다는 혐의로 사형선고를 받고, 고문을 당한 뒤 참수당하였고 그 시체가 불태워진 사건이다. 이러한 일련의 사건을 겪으면서 볼테르는 형벌의 야만성과 모순투성이의 형사절차를 폭로·조소·풍자하여 여론의 재판정에 호소하였다. 볼테르의 주장은 많은 부분 벡카리아와 궤를 같이한다. 즉 고문의 폐지, 각종 신체절단형의 폐지, 너무나 고통스럽고 질질 끄는 처형방법의 폐지, 갖가지 사형방법의 극단적인 어리석음에 대한 비판, 사형의 전적인 폐지는 아니더라도 그것의 대폭적인 제한 주장과 다양한 범죄에 대한 사형의 비합리성의 지적, 각종 종교적 범죄에 대한 처형 반대, 무고한 자녀로 하여금 구걸하게 만드는 재산몰수형에 대한 반대 등. 볼테르는 이 책에 대해 '모순적이고 비인간적인 관습의 지배하에 있던 유럽의 대다수의 법학자에게 새로운 눈을 뜨게 해 주었다'고 격찬했다. 볼테르의 기여는 이뿐 아니다. 유럽의 계몽군주들이 자신들의 정신적 교사로 흠모했던 볼테르였기에, 볼테르의 찬사와 주석은 곧 계몽군주들의 형벌개혁에 벡카리아 저서의 영향이 곧바로 미칠 수 있는 계기를 제공했으며, 이 점은 역사적으로 더욱 평가받아야 할 사실일 것이다.

파리의 계몽사상가들을 대표하여 모렐레는 피에트로 베리와 저자에게 파리를 방문해줄 것을 정중히 요청하였다. 모든 면에서 소심하고 나약한 벡카리아는 여행을 주저하였지만, 베리는 '세계의 영예'를 얻기 위해 벡카리아의 출발을 종용하였다. 결국 벡카리아는 동생 알렉산드르 베리(Alessandro Verri)와 함께 마지못해 파리로 갔다. 파리에서 벡카리아는 열렬한 환대를 받았다. 당대의 가장 유명한 인물들이 그를 에워쌌고, 그는 '인류의 위대한 은인'으로 칭송받았다. 그러나 그의 심약한 성품은 그러한 환경을 견딜 수 없게 했고, 정신적으로 불안정한 상태에까지 이르러 한 달 만에 주위의 만류를 뿌리치고 귀국해 버렸다. 이 여행을 통해 그는 하나의 인간으로서 자신이 이 책의 엄청난 명예와 함께 살아갈 수 없음을 깨달았다. 밀라노와 파리의 후원자와 스스로 단절함으로써, 벡카리아는 평범한 삶으로 전환했다. 오스트리아 정부의 환영 속에 주어진 약간의 공직에 만족했고, 몇 가지 글을 쓰기도 했지만 그것들은 별 의미 있는 것이 되지 못했다.

그러나 이태리 밖에서는 이 책과 저자를 둘러싼 일련의 전설이 생겨났다. 벡카리아의 침묵은 종종 폭압적 정부의 손아귀에서 억압당하고 있는 증거로 오해되기도 했다. '26세에 불멸의 저서를 쓴 저자가 이태리가 아닌 자유의 땅에 살았더라면 또 다른 걸작을 우리에게 선사했을 것'이라는 추측과 기대도 있었다. 그러나 그러한 전설은 이태리에서는 통용될 수 없었다. 다만 벡카리아의 사후, 『범죄와 형벌』의 산파역을 했던 피에트로 베리는 밀라노시에 '불멸의 벡카리아에 대한 헌사의 기념물'을 세울 것을 요청했다. 그럼으로써 그는 비판자들을 침묵시키고, 자신의 공적을 낮추면서, 벡카리아의 업적을 드높임으로써 마지막까지 훌륭한 역할을 다했던 것이다.

3

벡카리아의 주장이 각국의 형법 및 형벌개혁운동으로 진전될 수 있었던 일차적 계기는 군주와 귀족간의 권력투쟁에서 군주측의 무기로 유용했기 때문이었다. 절대주의 체제의 확립과 강화는 귀족계급으로부터 군주에게로의 권력이동을 초래했고, 유럽각국의 대군주들은 귀족의 정치적·군사적 힘을 박탈하는 데 성과를 거두고 있었다. 무력의 특권을 빼앗긴 귀족들 중 일부는 문필가로 전환했다. 그 중에는 과거의 귀족특권을 옹호한 자, 절대군주의 특권을 정당화하는 자들이 있었는가 하면, 보다 전진적으로 새로운 지식계급을 형성하여 제반 암흑의 억압으로부터 '인간의 권리와 불가침의 진리'를 수호하는 역할을 자임하게 되었다. 마지막 부류가 곧 계몽사상가들임은 말할 것도 없다.

벡카리아는 물론 계몽사상가들의 막내그룹에 속한다. 그는 귀족적 특권 및 관료주의적 권한남용이라는 다수의 중간전제집단의 폐해를 지적하면서, 그러한 폐해를 분쇄하기 위해 계몽군주들에게 역량을 발휘할 것을 촉구하였다. 계몽군주들이 벡카리아의 호소와 개혁안에 열렬한 관심을 표명한 데는 이 같은 정치적 배경이 함께하고 있었다.

그러나 이들에게 개혁은 곧 귀족의 무덤과 함께 자신의 무덤을 파는 것임이 후일 실증되었다. 유럽전역에서 귀족의 특권을 박탈하는 것으로부터 출발되었던 개혁은 제반 악폐의 근원 중의 하나였던 군주정을 폐기할 때까지 결코 멈추어질 수 없었기 때문이다. 구체제의 적폐를 공격하는 데 앞장선 계몽군주들도 그것이 자신의 지반을 곧 허물어버리기 위한 첫 단계의 조치일 수 있음을 깨닫지 못했다. '인간이 역사를 만들어가지만, 그들이 원하는 대로 역사가 만들어지는 것은 아니다'는 명제가 참으로 들어맞는 대목이다.

따라서 본서를 읽을 때도 그 표면적 주장과 실질적 목표를 구별해내는 지혜가 요청된다. 자신에게 씌워진 불신자와 반역자라는 혐의를 부인하지만, 스스로 '진리의 애호자'가 되기 위해서는 종교적 · 세속적 권력에 대한 반대편에 서지 않을 수 없다. 군주정을 표면적으로는 부정하지는 않지만, '자유인간의 대등한 계약'에 의거하여 주권개념을 도출할 때, 그리고 '법 앞의 평등'을 역설할 때 그 속에는 군주의 특권을 붕괴시킬 폭발물이 내장되어 있음을 놓쳐서는 안 될 것이다.

4

벡카리아의 저작은 이처럼 시대적 산물이지만, 그것을 낳은 시대를 초월하여 보편적 공감을 얻고 있다. 그것은 저자의 합리적이고 인도적인 형벌에 대한 호소력에서 비롯된다. 그 중에서 고문과 사형제도의 폐지론은 단연 압권이다. 그는 이러한 비인도적 형벌제도의 폐지를 사회계약론과 공리주의의 관점에서 도출해내고 있다. 인간이 자신의 생명을 처분가능한 계약내용으로 제시할 리 없다는 것, 자기보호본능에 위배되는 자백강요는 허용될 수 없다는 것이 계약론적 관점에서 나올 수 있다면, 고문은 사실의 진위를 가리는 유용한 기준이 될 수 없으며, 사형의 범죄억제효과는 의문시될 수밖에 없다는 논거는 공리주의적 관점에서 도출된다.

본서는 근대적인 죄형법정주의를 위한 선언서이기도 하다. 오늘날 격언의 수준으로 인정된 수많은 명제들이 이 책에서 유래하고 있다. 즉 범죄에 대한 형벌은 오직 법률을 통해서만 규정할 수 있다! 재판관이 법률의 한도를 넘어선 형벌을 과할 경우 그 재판은 부정의하다! 법관은 형벌법규를 적용할 권한은 있어도 그것을 해석할 권한은 없다! 법의 정신에 따른 해석은 법관을 입법자로 만드는 것과 같다! 법률의 자의적 해석뿐 아니라 그러한 해석을 가능하게 하는 법률의 불명확성 역시 또 다른 악이다! 법률은 명확하고 예측 가능해야 하며, 널리 보급되어야 한다! 온갖 불합리하고 비인도적인 형사절차가 개선되어야 한다! 가령 밀고, 고문에 의한 자백, 사실상의 유죄추정의 원칙, 상소권 없는 유죄확정, 자의적인 사면제도 등이 허용되어서는 안 된다!

범죄를 포함한 인간행위 전반을 쾌락의 극대화와 고통의 극소화를 지향하는 합리적 계산에 기초한 선택으로 보는 점에서 본서는 고전파 범죄 · 형벌이론의 출발점을 이룬다. 범죄자는 보통 사람들과 마찬가지로 합리적으로 계산할 줄 아는 인간이며 쾌락의 극대화를 지향하는 공리적인 인간인 것이다. 이러한 범죄자론에 입각할 때, 적정한 형벌은 범죄자가 그 범죄로부터 받은 이득보다 형벌을 통해 얻는 손실을 약간 넘어서는 정도로 족하다. 그 정도를 초과하는 모든 형벌은 불필요한 것이고, 그 때문에 폭압적인 형벌에 해당한다. 만약 절도범죄가 6단위의 쾌락을 산출한다면, 그에 대한 형벌은 7단위의 고통이어야 한다. 이러한 방식으로 벡카리아는 합리적 형벌제도의 '정밀한 기하학'을 만들어낼 수 있으리라 믿었다.

이러한 합리적 형벌이 유효하게 작용하기 위해서는 몇 가지 요건이 아울러 요구된다. 즉 형벌은 확실하고 신속하게 집행되어야 한다! 신분과 지위의 고하에 상관없이 행위의 객관적 측면을 기초로 일률적인 법집행이 이루어져야 한다! 형사사건에서 법 앞의 평등의 원칙이 당연히 관철되어야 한다!

합리적 형벌을 통한 예방에의 기대와 반대편에 서있는 것이 잔혹한 형벌이라고 벡카리아는 주장한다. 잔혹한 형벌은 인도적인 차원에서 뿐 아니라 범죄예방에 유해한 결과를 초래한다. 잔혹한 형벌은 범죄와 형벌 간에 적정한 균형을 설정하기 곤란하게 만든다. 한 범죄에 대해 극단적으로 잔혹한 형벌을 설정한 경우, 그보다 훨씬 유해하고 흉포한 범죄가 생겼을 경우, 그 범죄를 예방하기 위해 더욱 잔혹한 형을 과해야 할 것인데, 그러한 잔혹성의 과학을 극단에까지 추구한다고 해도 한계가 있기 마련이다. 또한 극단적으로 잔혹한 형벌을 규정했을 경우 때로는 형벌면제라는 결과를 낳지 않을 수 없는 경우도 생겨날 수 있다. 거기다 잔혹한 형벌은 일시적인 효과는 몰라도 결국에는 그에 비례하여 인간의 마음은 무감각해지게 된다. 잔혹한 형벌을 과할수록 그 형벌을 피하기 위해 후속범죄를 저지르게 되는 측면도 무시할 수 없다.

결국 잔혹한 형벌은 전제자의 일시적 격정의 표현일 수는 있어도, 법체제의 영속적 안정을 보증할 수 없다. 잔혹한 형벌과 사면제도는 반대편에 있는 것이 아니라, 상호 보완적인 것이다. 군주의 특사는 강압적 형벌과 강권적 통제를 통해 지탱되는 폭정을 은폐하기 위한 가면에 지나지 않는다. 따라서 잔혹한 형벌과 특사 사이의 왕복보다는, 보다 관대한 형벌을 일률적으로, 예외 없이 벌하는 것이야말로 근대형법의 토대가 되는 것이며, 그럼으로써 '공리성과 인도성의 조화'가 달성될 수 있는 것으로 벡카리아는 보고 있다.

5

1789년 7월 14일 바스티유 감옥의 습격 이후 새로운 시대가 열렸다. 새로운 시대정신의 압축판인 1789년 8월 26일 프랑스 인권선언(「인간과 시민의 권리선언」) 중 제 8 조는 근대형법의 시대를 알리는 포고문에 다름 아니다. "절대적이고 명백하게 필요한 경우를 제외하고는 법으로 형을 과하여서는 안 된다. 행위 이전에 공포되었고, 합법적으로 적용되는 법률에 의하지 않고는 누구도 처벌되어서는 안 된다"는 규정에는 벡카리아의 목소리가 그대로 녹아들어 있다. 이어 1791년 프랑스 형법전을 필두로 고전파 형법이론은 각국 형법전의 지도원리가 되었다. 물론 구체적 입법과정에서는 순수고전파 이론에 약간의 수정을 가한 신고전주의(neo-classicism)가 현실적 지침이 되었다.

19세기 중반 이후 실증주의(positivism)의 거센 도전 앞에 고전파 형법이론은 많은 비판과 도전을 받았다. 실증주의는 방법으로서의 과학성과 목표로서의 사회방위를 내걸고, 범죄원인과 대책을 보다 분석적으로 탐구하였다. 고전파이론이 '형벌의 감소'에 초점을 맞추었다면, 실증주의는 '범죄의 감소'에 초점을 맞춘 것으로 후자의 우월성이 주창되기도 했다. 하지만 실증주의 범죄·형벌이론의 반인도적 권력남용의 실상이 폭로되면서, 각국의 형법 개정과정에서 오히려 고전파적 원리가 더욱 중시되는 경향이 돋보인다. 부정기형 비판, 재량권남용에 대한 비판, 특별권력관계 비판, 의료모델에 입각한 강제적 처우에 대한 비판, 보안처분 남용에 대한 비판과 함께 형벌과 행형에서 자의성과 재량권의 축소, 사법적 통제의 강화, 시민적 권리 및 적법절차 강조 등의 측면이 두드러지는 경향이 있다. 인도주의 원칙에 입각하여 고전파 원리의 부활과 재구성이 이루어지면서, 벡카리아의 존재가 더욱 부각되는 것이다. 그것은 한편으로 벡카리아의 후계자로 자처한 벤담과 포이에르바하(A. Feuerbach) 등이 기각시킨 계몽적 형법사상의 인도적·해방적 잠재력을 복원시키는 작업과 더불어 이루어지고 있다.

선진제국과 달리, 우리의 입장에서는 벡카리아가 공격했던 '구체제적 요소'를 식별해내고 그것과 싸우는 것이 인도적인 견지에서 더욱 선결과제라 생각된다. 고문과 오판, 조작과 밀고, 사형, 형벌 상호간의 불균형, 신분에 따른 형벌적용의 차이, 과잉형벌과 사면제도의 공존, 범죄를 국가의 재산으로 삼는 경향, 억압적 처벌로 범죄예방을 달성하려는 폭군적 경향 등이 상존하는 나라에서 이 '인류의 권리와 불굴의 진리에 대한 변호서'는 현실적인 힘으로 작용해야 마땅하다. 저자가 바란 대로 이 책을 통해 '인도주의의 옹호자에 대해 느끼는 전율과 감동'을 독자제현들이 공유할 수 있기를 바라마지 않는다.

역 자

번역본에 대하여

『범죄와 형벌』의 정본을 확정하기는 매우 어렵다. 이 저작은 벡카리아 개인의 창조물이 아니며, 베리 서클에서의 토론회를 통해 자라나온 것이다. 벡카리아가 준비한 초고가 인쇄되기 이전에도 피에트로 베리는 그 편집에 관여했고, 가감하기도 했다. 물론 벡카리아는 이러한 변화를 기꺼이 인정했다. 1764년 이후 벡카리아는 스스로 여러 차례 수정을 했다. 초고를 보면, 인쇄본이 나온 이후에도 이를 계속 수정해가는 모습을 감지할 수 있다.

각국의 번역본은 나름대로의 가치와 영향을 미친 것으로 평가된다. 특히 모렐레의 프랑스 번역본은 프랑스는 물론 유럽 전체에 큰 영향을 미쳤는데, 모렐레 자신이 번역과정에서 책의 목차를 보다 논리적으로 재구성했다. 모렐레의 편집에 대해 벡카리아는 동의하긴 했지만, 자신은 모렐레식 수정판을 따른 적이 없고, 자신의 원본에 의거하여 몇 차례의 수정을 했다. 역자(모렐레)의 월권행위에 대한 비판은 당시부터 제기되었다. 각종의 영어번역본은 영국과 미국의 근대형법의 형성에 큰 영향을 끼쳤다고 평가된다. 오늘날은 이태리본을 기준으로 하여, 그것을 중심으로 번역을 하는 경향이 있다. 텍스트에 따라 목차 구성이 다르지만 그 본문내용은 동일하다.

역자가 1995년 번역을 했을 때는 주로 Cesare Beccaria, *On Crimes and Punishments*, trans. by Henry Paolucci, Indianapolis: the Bobbs-Merrill Company, 1963에 의거하였다. 이 책은 *Dei Delitti e delle Pene*, in Cesare Beccaria, Opere, ed. by Sergio Romagnoli, Florence, 1958, I, 35-133을 원본으로 한 것이다. 그러나 오늘날 각국에서 널리 번역의 기초가 된 것은 벡카리아의 최종판(제 6 판, 1766년 간행)이다. 이 책은 Leghorn에서 출간되었지만, Haalem에서 출간된 것처럼 위장하고 있다. 저명한 벡카리아 연구자인 Franco Venturi는 1965년 이태리판을 냈고, 이 판본은 벡카리아의 최종판에 의거하고 있으며, 벡카리아가 속한 밀라노 개혁가들의 사상을 가장 잘 대변한다고 이야기된다. Venturi의 판본이 나온 이후, 대개의 번역서들은 이 판본의 목차 및 본문을 따르고 있다. 외국의 그런 경향을 존중하여, 본 번역(2006년)은 위의 판본의 목차 및 구성을 따르고 있다.

지난번 한글 번역본 때 참고한 책에 더하여, 보다 충실한 한글본을 위해 주로 참고한 번역본은 다음과 같다.

On Crimes and Punishments, translated by David Young, Indianapolis: Hackett Publishing Company, 1986.

On Crimes and Punishments and Other Writings, edited by Richard Bellamy and translated by Richard Davies, Cambridge University Press, 1995.

An Essay on Crimes and Punishments, edited and with an Introduction by Adolph Caso, International Pocket Library, 1983.

On Crimes and Punishments, trans. by Henry Paolucci, Indianapolis: the Bobbs-Merrill Company, 1963.

An Essay on Crimes and Punishments, translated from the French, by Edward D. Ingraham, Phildadelphia: A. Walker, 1819.

Crimes and Punishments, translated by James Anson Farrer, London: Chatto & Windus, 1880.

역주 구성에서는 David Young의 책을 다소 참조했으며, 犯罪と刑罰, 風早八十二/五十風二葉 譯, 岩波書店, 1938/2004로부터도 번역상의 도움을 얻었다. 번역어휘 선정에서 때로는 *Über Verbrechen und Strafen*, übersetzt von Wihelm Alff, Insel Verlag, 1988을 참조하기도 했다. 벡카리아 연구문헌과 삽화는 주로 Gerhard Deimling(Hrsg.), Cesare Beccaria, *Die Anfange moderner Strafrechtspflege in Europa,* Heidelberg: Kriminalistik Verlag,

1989에 잘 나와 있다. 이러한 연구문헌목록은 벡카리아의 사상에 대해 탐구하려는 연구자를 위한 길잡이가 될 수 있을 것이다.

독자에게

오늘날 유럽에서 법의 이름으로 통용되고 있는 것은 무엇인가.[1] 지금으로부터 12세기도 더 된 6세기에 콘스탄티노플에서 통치했던 한 군주[2]는 고대 정복민족인 로마의 법의 잔해를 편찬했다. 거기에 이태리 북부의 롬바르디아의 관습[3]이 뒤섞였고, 학문적 권위가 모호한 사적 주석가들이 몇 권의 법서를 엮어냈다. 이런 것들이 모여 법학의 전통을 형성하여 유럽 대부분에 통용되어온 것이다.

인간의 생명과 재산을 다스릴 막중한 책임을 지고 있는 자들이 주저 없이 시행하고 있는 법은 무엇인가. 16세기의 법률가인 카프조우의 학설,[4] 클라로가 인용한 낡은 관습들,[5] 파리나시우스가 잔혹한 희열을 갖고 제안한 혹형[6] 등이다. 이는 개탄스럽지만 오늘날 보편적이다. 극도로 야만적인 시대의 잔재에 불과한 이러한 법들이 본서의 검토대상이다. 다만 형사제도에 관련된 부분만 여기서 다루어질 것이다. 본서는 몽매하고 흥분 잘하는 군중들과는 거리를 두고, 오직 공공복리의 담당자들을 위해 그들이 혼동하고 있는 점들을 지적하고자 한다. 본서는 진리를 진지하게 추구하고, 통념적 견해로부터의 독립을 추구한다. 이러한 추구가 가능해진 것은 현 정부의 관용과 계몽 덕분이다.[7] 우리에게 은혜를 베풀어온 위대한 군주는 진리를 갈구한다. 비록 이름없는 사상가라 할지라도, 그가 폭력과 간계에 호소하는 자들이 보여주는 그 열정을 갖고, 그러나 광신적이지는 않는 이성의 열정을 갖고 진리를 펼친다면, 위대한 군주들은 그 진리에 귀를 기울일 것이다. 현 상황의 원인을 철저히 검토해보면, 지금의 폐단을 지적하는 것은 지난 시대를 풍자하고 질책하는 것이지, 현 시대 그리고 현 입법자에 대한 풍자와 질책일 수 없다.

본서에 대해 비평의 영광을 베풀려고 하는 인사들은 우선 본서의 의도를 충분히 이해했으면 한다. 어떤 권력이 폭력보다 설득을 더 중시하고, 만인의 눈에 온정과 인도애로 정당화될 수 있다면, 본서는 그러한 합법적인 권력을 훼손하지 않고 오히려 보강하는 데 기여하고자 한다. 본서의 초판에 대해 이루어진 악의적인 비평[8]들은 매우 혼동된 관념에 입각하여 쓰여졌다. 때문에 나는 계몽된 독자와의 대화를 잠시 멈추고, 속 좁은 열망에서 나온 오류와 사악한 질투심으로부터 생겨난 중상모략이 통할 수 있는 여지를 영원히 차단시키고자 한다.

독자에게

인간을 규율하는 도덕과 정치의 원리들은 세 가지 원천에서 도출된다. 신의 계시, 자연법, 그리고 인위적인 사회계약이 그것이다. 그 궁극적 목적과 관련하여, 계시는 다른 두 원천과 비교될 수 없다. 하지만 인간의 행복에 이바지하려는 점에서 이 셋은 동일하다. 사회계약의 여러 측면을 논의하는 것은 계시와 자연법을 배척하는 것이 아니다. 계시와 자연법 그 자체는 신성불변한 것이라 해도 잘못된 신앙과 자의적인 선악관념으로 인해 너무나 타락해 있고 불온한 사람들에 의해 왜곡되어 있다. 그 때문에 다른 논의는 일단 제쳐놓고 순수히 인간 사이의 사회계약으로부터 무엇을 도출할 수 있는가를 검토할 필요가 있다. 사회계약은 사람들의 공통의 필요와 효용에 무엇이 이로운지를 구성원들이 도덕의 하나하나에 이르기까지의 모든 내용을 동의할 것을 요하는 관념이다. 명시적으로 동의하든지 묵시적으로 그에 따르든지 모두의 합의가 표현되거나 가정되는 것이다. 가장 완고한 자와 가장 불신앙인 자까지도 인류사회 공존의 원리를 준수하도록 하는 것은 언제나 칭찬받을 만한 일일 것이다.

덕행과 악행 사이에 세 가지의 서로 다른 유형이 있다. 종교적, 자연적, 그리고 정치적 유형이 그것이다. 이 세 가지 유형들은 서로 충돌되지는 않겠지만, 어느 하나의 유형으로부터 도출되는 결과 및 의무가 언제나 다른 유형으로부터도 도출되어지는 것은 아니다. 즉 계시에서 나오는 계명들이 모두 자연법에서 나올 수 있는 것은 아니며, 자연법의 명령들 모두가 순수하게 사회적인 법에서도 나올 수 있는 것은 아니다. 그 중에서도 가장 중요한 것은 인간들 사이의 명시적 · 묵시적 계약으로부터 도출되는 것을 별도로 다루는 일이다. 왜냐하면 사회계약에서는 지존자(神)의 특별한 명령이나 위임이 작용하지 않기에, 한 인간이 다른 인간에 대해 정당하게 행사할 수 있는 폭력의 한계를 설정할 수 있기 때문이다.

정치적 덕의 관념은 가변적이라 해도 크게 무리가 없다. 반면 자연적 덕의 관념은 인간의 어리석음이나 욕망에 가리워지지 않는 한 언제나 명백할 것이다. 종교적 덕의 관념은 신에 의해 직접 계시되고 신에 의해 유지되는 까닭에 영구불변한 것이다.

따라서 사회계약 및 그 귀결에 대하여 논의한다고 해서 그를 자연법 혹은 계시의 원리에 반대하는 자로 탓하는 것은 잘못이다. 왜냐하면 자연법이나 계시는 그가 논의하는 대상이 아니기 때문이다. 또한 사회의 성립에 앞서 있었던 전쟁상태를 말한다고 그것을 홉즈적[9]인 의미로 이해하여 사회의 성립에 선행하는 의무와 속박의 존재를 부인하는 것으로 비판하는 것은 잘못된 것이다. 저자는 (제 1 장에서 말하는) 전쟁상태는 인간성의 타락과 명시적인 제재의 결여로 인해 생겨난 사실로 이해하고 있다.

사회계약의 결과를 검토하는 저자에 대하여, 그 계약에 선행하는 의무와 구속의 존재를 인정하지 않았다고 비난하는 것도 잘못이다.[10]

신의 정의와 자연의 정의는 그 본질상 영구불변이다. 늘 변함없는 두 대상간의 관계는 언제나 동일한 것이기 때문이다. 하지만 인간적 정의, 다시 말해 정치적 정의는 인간의 행위와 가변적인 사회조건 사이의 관계를 말하는 것이어서, 문제의 행위가 그 사회에 얼마나 필요한가 혹은 유용한가에 따라 가변적일 수 있다. 이 정치적 정의의 성질은 인간적 결합관계의 복잡다기함을 주의 깊게 분석하는 자가 아니면 충분히 식별될 수도 없다.

이같이 본질적으로 명백한 원칙들을 혼동하고서 공공적 문제를 제대로 판단할 수 있기를 기대할 수 없다. 특정한 행위의 본질적인 선악과 관련하여 정의와 불의의 경계를 설정하는 작업은 신학자의 몫이다. 그 행위가 정치적으로 정의인가 불의인가, 다시 말해 그 행위가 사회적으로 유용한가 아니면 유해한가를 결정하는 일은 법률가와 국가의 몫이다. 정치적 정의를 추구하는 과제가 신적 정의를 추구하는 과제를 손상시킬 수 없으며, 반대의 경우도 마찬가지다. 순수히 정치적 덕은 신으로부터 나오는 불변의 덕 앞에 양보하지 않으면 안 된다는 것은 누구의 눈에도 분명하기 때문이다.

다시 말한다. 본서에 대해 비평의 영광을 베풀고자 하는 자는 누구든 나를 가리켜 도덕과 종교를 파괴하는 원리를 만들어낸 자로 비난해서는 안 된다. 이미 서술하였듯이 나는 그 같은 원리를 신봉하고 있지 않다. 나를 불신자 혹은 선동자로 매도하는 대신, 논리적으로 취약하고 정치적 쟁점에 대해 경솔한 자임을 입증함으로써 나를 논박해야 할 것이다. 다만 인류의 이익을 옹호하는 모든 제안에 전율할 일이 아니라, 내가 주장한 원리가 쓸모없다든가 정치적으로 유해한 결과를 초래할 것이라는 점을 설득하면서 기존의 관습의 이점을 입증하는 편이 바람직할 것이다.

(파치나이 수사의) 상세한 비평에 대한 답변서[11]를 통해, 나의 신앙과 군주에 대한 충성심에 아무 문제가 없음을 공언한 바 있다. 따라서 같은 종류의 비난에 대한 더 이상의 답변을 할 필요는 없을 것이다. 그러나 명예로운 인간에 걸맞는 품위와 나의 제 1 원리가 무엇인지 증명하라고 재삼 강요치 않을 정도의 충분한 지성을 지니고 저술하는 인사들이 나로부터 발견할 수 있는 것은 자기변호를 열망하는 한 인간이 아니라, 진리를 사모하는 벗의 모습일 것이다.

서 론

가장 현명한 법이란 사회의 이익을 자연스럽게 분배하는 종류의 법이다. 이러한 법은 특권적인 소수의 손에 권력과 행복을 집중시키고, 그 밖의 대다수 인간들을 무력하고 비참하게 만드는 힘에 저항한다. 대부분의 사회에서 사람들은 가장 중요한 규정들을 통념적인 상식에 맡겨버리거나 현명한 법에 반대하는 데 이해관계를 갖고 있는 소수의 특권자가 마음대로 처리할 수 있도록 방임해버린다.

진리는 아주 간명하다. 그러나 바로 그 점 때문에 대상을 분석하는 데 익숙하지 않은 보통사람들의 마음에 잘 잡히지 않는다. 보통사람들은 탐구를 통해서보다는 전통에서 나온 진부한 인상을 수용한다. 따라서 생명과 자유에 가장 필수적인 문제에서도 수많은 오판을 겪고 자신들이 저지른 잘못에 지쳐 인내의 한도에 이른 이후에야 비로소 사람들은 자신을 괴롭혀온 폐해를 바로잡으려는 노력을 하게 된다. 그럴 때에야 그들의 눈은 가장 자명한 진리를 향해 열리게 된다.

역사책을 펴보자. 법은 자유로운 인간들 사이의 계약이며 그래야 마땅하다. 그러나 법이 소수 인간의 욕망의 도구가 아닌 경우는 거의 없었다. 때로 법은 일시적이고 우발적인 필요로부터 생겨났다. 인간성을 현명하게 탐구하여 인간행동을 한눈에 통찰한 현인이 만든 법은 여태 없었다. 최대다수에 의해 공유된 최대의 행복[1] — 법은 바로 이 목적에 비추어 평가되어야 한다.

악이 극도에 이른 이후에야 선을 향한 약간의 진전이 이루어지는 식의 완만한 발전을 기다릴 필요 없이, 현명한 법률을 통해 중간단계를 단축한 몇몇 드문 국민들은 참으로 축복받은지고! 어두컴컴한 서재에서 고독한 연구를 통해, 결실을 거두기까지 오랜 시간이 소요될 진리의 씨앗을 처음에 뿌린 용기있는 철학자[2] —그에게 인류는 커다란 감사의 빚을 지고 있다.

이제 우리는 군주와 신민, 국가와 국가의 바람직한 관계를 알 수 있게 되었다. 철학적 진리는 인쇄술에 의해 확산되면서 통상은 더욱 활기를 띠게 되었다. 국제적으로는 조용한 전쟁, 즉 이전의 전쟁보다 훨씬 인도적이고 이성적 인간에 어울리는 산업의 전쟁이 시작되었다.[3] 이런 결실은 우리 시대의 계몽주의에 힘입은 것이다.

그러나 형벌의 잔혹성과 형사절차의 난맥상을 연구하고 그와 싸워온 인사는 거의 없었다. 이들 입법은 너무나 근본적인 것이지만 대부분의 유럽 국가에서 거의 무시되어 왔다. 몇 세기에 걸쳐 누적되어온 잘못을 일반적 원리에 비추어 폭로하고 뿌리뽑고자 한 시도는 거의 없었다. 또한 불변의 진리만이 지닐 수 있는 힘을 통해, 가장 냉혈적인 잔혹함을 오랫동안 공공연하게 실행해온 권력의 제약없는 횡포를 견제하고자 하는 시도도 거의 없었다. 그렇지만 잔인한 무관심과 풍요한 나태에 희생된 약자들의 신음소리, 증거도 없이 혹은 정체불명의 범죄를 처벌한답시고 쓸모없고 지나친 잔혹함으로 배가된 야만적인 고문들, 비천한 사람들을 가장 괴롭히는 수단, 다시 말해 불확실성이란 수단으로 인해 한층 악화된 수감시설의 공포감 — 이러한 문제들은 여론을 지도할 임무를 띠고 있는 위정자들의 주목을 받았어야 마땅했을 것이다.

불멸의 법률가 몽테스키외(Montesquieu)도 이 문제를 대충 건드리고 말았다. 진리는 불가분이기에 나는 이 위인의 빛나는 발자취를 따를 의무를 지고 있다.[4] 하지만 내 글을 읽을 사려깊은 독자라면 그의 토대로부터 내가 나아가는 바를 식별해낼 것이다. 몽테스키외가 받았던 것처럼, 내가 별 이름이 없으나 평화를 사랑하는 이성의 사도들로부터 개인적으로 감사를 얻을 수 있다면, 그리고 감수성 있는 사람들이 인간의 대의를 옹호하는 자들에게 보여줄 공감의 짜릿한 감동을 얻을 수 있다면, 나는 무엇보다 행복할 것이다.

1

형벌의 기원

법은 고립된 독립한 인간들이 사회에 결속하기 위한 조건들을 말한다. 끊임없는 전쟁상태에 진력이 나고, 자유롭다고 해도 그 자유를 확실히 지킬 수 없는 상태에서 그 자유는 쓸모없게 되어 버린다. 이에 개개인들은 그 자유의 일부를 희생해서라도 그 나머지 자유의 몫을 평온하고 안전하게 누리고자 한다. 공공선을 위해 개개인이 희생한 자유의 몫의 총합이 한 국가의 주권을 구성한다. 주권자는 이렇게 모여진 자유의 정당한 수탁자요 그 자유의 관리자인 것이다.

그러나 이러한 신탁관계를 확립한 것으로 충분하지는 않다. 각 개인들은 공동 저장소에 맡겨둔 그 자신의 자유의 몫을 언제든지 회수하려 할 뿐 아니라 남이 맡겨둔 몫까지 빼앗아가려 한다. 주권자는 이러한 개개인의 사사로운 침해로부터 이러한 공탁물을 지켜내야 한다. 모든 인간이 갖고 있는 압제적인 심성이 사회의 법을 원초적 혼란으로 빠트리는 것을 방지하기 위해서는 어떤 구체적 계기가 필요하다. 이러한 구체적인 계기가 바로 범법자에 대하여 마련된 형벌이다. 여기서 "구체적 계기"가 필요하다고 말하는 이유는, 보통사람들이 확립된 행위원리에 따라 움직이는 것이 아님을 경험으로 알 수 있기 때문이다. 감각에 직접 영향을 끼치는 계기에 의하지 않고서는, 도덕적 세계나 물리적 세계나 똑같이 볼 수 있는 해체의 원리의 손아귀를 벗어나지 못할 것이다.

이러한 형벌의 계기를 마음속에 반복하여 연상시키는 것만이 공공선에 반하는 개개인의 강렬한 욕망에 대해 반대균형을 잡아줄 수 있다.[1] 어떤 웅변이나 훈계, 심지어 지고의 진리조차 눈앞의 대상이 주는 생생한 인상에 의해 자극된 욕망을 장기간 억제시키기에 충분치 않다.

2

형벌권의 근본원리

절대적 필요로부터 도출되지 않는 형벌은 압제적이다. 위대한 몽테스키외의 말을 빌리자면, 다음 명제가 일반화될 수 있을 것이다. 즉 한 사람이 다른 사람에 대해 권위적 행위를 할 때, 절대적 필요에 의해 뒷받침될 수 없다고 한다면 그 행위는 전제주의적인 것이다. 주권자는 그가 위탁받은 공공의 자유와 복지를 개개인의 사적 침탈로부터 방어할 필요가 있다. 바로 이것이 주권자의 형벌권의 근거가 된다. 형벌이 더 정당할수록 주권자가 그 시민을 위해 보호하는 안전은 더 신성불가침이 될 것이며, 시민의 자유의 몫은 더 크게 된다.

인간의 심성을 살펴보자. 주권자의 형벌권의 근본원리는 인간의 심성으로부터 추구되어야 한다. 인간의 불변의 감정에 근거하지 않고서는 어떤 우세한 정치도덕도 그리 오래가지 못할 것이다. 인간의 감정과 배치된 어떤 법도 조만간 그것을 능가하는 저항에 부딪치게 마련이다. 마치 낙수물의 힘이 약하다 해도 계속 떨어진다면 한 물체에 가해지는 가장 강력한 충격을 능가할 수 있는 것과 마찬가지다.

오직 공공의 이익을 위하여 자신의 개인적 자유의 한 부분을 기꺼이 포기하는 자는 없다. 그러한 환상은 공상 속에서나 존재하는 것이다. 가능하다면, 타인을 속박하는 계약에 우리 자신은 속박되지 않기를 바랄 것이다. 누구나 스스로를 세상사의 중심에 놓고 생각한다.[1]

인간이 서서히 번식함에 따라 자연이 제공할 수 있는 부족한 생활수단을 갖고는 갈수록 증가하는 인간욕구를 충족시킬 수 없게 되었다. 그 욕구의 충족을 위해 원시인들은 결합하여 사회를 만들었다. 일단 하나의 사회가 생겨나면 그에 대항하여 다른 사회가 형성되기 마련이었다. 이리하여 전쟁상태는 개인들 간의 전쟁으로부터 나라와 나라의 전쟁으로 이전되었다.[2]

따라서 각인에게 그의 개인적 자유의 일부를 포기하도록 강제하는 것은 필연적이었다. 각자는 가능한 최소한의 몫을 공동 저장소에 내놓을 것도 분명하다. 즉 다른 사람들이 자

신의 자유를 지켜주도록 설득하는 데 필요한 최소한의 정도로만 내놓을 것이다.[3]

이렇게 개인이 포기하고 공탁한 각자의 최소한의 몫의 총합이 형벌권(the right to punish)을 구성하게 된다. 그 이상의 것은 무엇이든 더 이상 정의가 아니며 권력의 남용이다. 그것은 사실일 수는 있어도 권리일 수는 없다. '권리'란 단어는 '권력'과 모순되는 것은 아니다. 오히려 전자는 후자의 수정형태라 할 수 있다. 다시 말해 권리는 최대다수에게 최대이익을 안겨주는 권력 내지 힘인 것이다. 그럼 '정의'는? 정의는 특별한 사적 이익을 통합시키는 데 필요한 유대를 의미하는 것일 뿐이며, 개개인들을 원래의 야만상태로 해체되지 않도록 하는 유대를 말할 뿐이다. 이러한 유대를 보전하기 위해 필요한 정도를 넘어선 어떤 형벌도 그 본질상 부정의한 것이다. '정의'란 단어에 어떤 실재하는 무엇을 떠올리지 않도록 유의할 일이다. 정의는 물리적 대상이나 실재하는 존재가 아니다. 그것은 사람들이 사물에 대해 생각하는 방식의 하나이며, 만인의 행복에 무한한 영향을 미치는 방식을 말할 뿐이다. 하물며 신으로부터 유래되는 다른 종류의 정의, 즉 현생에서 한 일에 대해 후생에서 상과 벌을 내려주는 신적 정의에 대해 말하고 있는 것은 아니다.

3

앞장의 원리로부터의 귀결

앞장의 원리로부터 다음의 결론이 도출된다.

첫째, 범죄에 대한 형벌은 오직 법률을 통해서만 가능하다. 이 권한은 사회계약으로 결합된 사회 전체를 대표하는 입법자에게만 속한다.[1] 사회의 일원에 지나지 않는 어떤 재판관도 같은 사회의 다른 성원에게 법률로 규정하고 있지 않은 어떤 형벌도 과할 수 없다. 재판관이 법률에 규정된 한도를 넘어선 형벌을 과할 경우 그 형벌은 부정한 것이다. 왜냐하면 그러한 형벌은 미리 정해진 정당한 형벌에다 새로운 형벌을 덧붙여 과한 것이기 때문이다. 따라서 어떤 재판관도 공공복리를 열망하거나 공공복리를 우려한답시고 범죄를 저지른 시민들에 대해 법률로 이미 정해진 형벌보다 더한 처벌을 해서는 안 된다.

둘째, 사회계약에 의하여 각 개인은 사회에 속박되지만, 사회도 개인에 대하여 똑같이 그 계약준수의 의무에 속박된다. 계약의 속성은 쌍방에 동시에 구속력을 갖기 때문이다. 계약상의 의무는 왕좌로부터 오두막에 두루 미치며, 지체 높은 자와 미천한 자를 똑같이 속박한다. 최대다수에게 유익한 계약을 준수하는 것은 모든 사람에게 이롭기 때문이다. 심지어 어느 한 사람이 이러한 사회계약을 위반하게 되면 무정부의 세계로 들어가게 되는 것이다.[2]

사회를 대표하는 주권자는 모든 성원들에게 적용될 일반적 법률을 제정할 수 있을 뿐이다. 그는 누가 그 사회계약을 위반했는가의 여부를 재판할 권한은 없다. 범죄에 대해서는 두 당사자가 있기 마련이다. 즉 사회계약이 위반되었다고 주장하는 주권자측과 위반사실을 부인하는 피고인측이 그것이다. 이 양측 사이에는 대립이 있으며, 따라서 사건의 진상을 판정할 제 3 자가 요구되어진다. 이 제 3 의 법관이 바로 정식판사나 치안판사인 것이다. 법관은 특정한 범죄사실을 단순히 확인 혹은 부인을 할 권한을 갖는 것이며, 그의 판정에 대한 불복은 허용되지 않는다.[3]

셋째, 잔혹한 형벌이 공공복리나 범죄예방의 목적에 직접적으로 저촉되지 않는다고 여겨지는 경우라 할지라도, 그것이 별 쓸모없음을 증명할 수 있기만 하다면, 그 경우에 잔혹한 형벌을 과해서는 안 된다. 필요 이상의 잔혹한 형벌은 박애의 덕 — 노예를 지배하는 것보다 행복한 자유인을 다스리기에 적합한 계몽된 이성으로부터 생겨나는 덕 — 에 비추어 비난받아야 할 뿐 아니라 정의에도 반하고 사회계약의 본질과도 상반되는 것이다.

4

법률의 해석[1]

네 번째 결론은, 형사사건에서 법관은 형법을 해석할 권한이 없다는 것이다. 법관은 입법자가 아니다. 법관이 수임한 법은 후손이 복종하지 않을 수 없는 가족적 전통이나 유언과 같은 것이 아니다. 법관은 그가 살고 있는 그 사회로부터 혹은 그 사회를 대표하는 주권자로부터 법률을 수임받은 것이다. 이 때 주권자는 모든 시민들의 현재의 의사를 합법적으로 수탁받은 자를 말한다.

법관이 수임한 법은 고대의 신탁에 의거한 의무와 같은 것이 아니다. 그러한 의무는 공허하다. 왜냐하면 현재 구속력을 갖는 시민의 의사는 신탁상의 의무가 서약되었을 때는 아예 있지도 않았기 때문이다. 또한 신탁을 내세우는 의무는 정당성도 없다. 왜냐하면 그것은 일정한 사회상태에 있는 인간을 한 무리의 군집상태로 되돌려놓기 때문이다. 법관이 지켜야 할 법이란 현재 시민들이 합치된 의사를 갖고 주권자에게 명시적 혹은 묵시적으로 한 서약의 산물이다. 혹은 개개인의 사적 이익을 통제하기 위해 필요한 강제장치인 것이다. 이것이 법률의 확고한 진정한 권위를 구성한다. 그러면 누가 법률의 합법적인 해석자가 되어야 하는가? 그것은 모든 사람들의 의사를 위탁받은 주권자인가, 아니면 특정한 사람이 범법행위를 범했는가 아닌가를 심사할 임무만을 지니고 있는 법관인가?

자신이 심리하는 모든 범죄에 대해 법관은 완벽한 삼단논법을 전개하지 않으면 안 된다. 대전제는 법, 소전제는 행위, 그리고 결론은 유죄 혹은 무죄이다. 적용될 일반법이 대전제라면, 법에 저촉되는 행위를 했는가가 소전제이며, 결론적으로 그의 행위가 유죄인가 무죄인가를 가리게 된다. 만일 법관이 법의 불완전성으로 인해 이와 다른 삼단논법을 구사해야 하거나 임의대로 그렇게 한다면, 이 때 법은 불확실성을 향한 문을 열어버리는 셈이다.

'법의 정신을 고려하라'는 속담처럼 위험한 것은 없다. 이 속담을 채택하는 것은 제방을 허물고 법을 여론의 흐름에 내맡기는 격이다. 눈앞의 사소한 무질서에 대해서는 충격받으면서, 한 나라에 잘못된 원리가 뿌리내리는 경우에 장차 닥쳐올 훨씬 유해한 효과에는 둔감한 통속적인 사람들에게 이런 진리는 역설적인 것으로 보일 것이다. 하지만 이 진리는 자명한 것이다.

우리의 모든 인식과 모든 관념은 상호관련을 맺고 있다. 인식과 관념이 복잡할수록 그 관련방식도 복잡할 것이고 그 것으로부터 생겨나는 결과도 다양할 것임에 틀림없다. 인간은 누구나 나름대로의 관점을 지니고 있으며, 같은 인간도 다른 시기에는 다른 관점을 지니게 된다. 따라서 법의 '정신'은 한 법관의 논리에 좌우되고, 그의 이해력에 의존한다. 그 논리는 합당할 수도 부당할 수도 있으며, 이해력은 온전할 수도 있고 그렇지 않을 수도 있다. 또한 법의 정신은 법관의 감정의 횡포, 피고인의 지위나 상황, 피고인과 법관과의 관계, 그 밖의 인간의 가변적인 심성으로 인해 사물에 대한 인상이 바뀌어질 수 있는 여러 사소한 요인들에 의해 영향받을 것이다.

이리하여 한 시민의 운명이 재판부에 따라 몇 번씩 달라질 수 있음을 본다. 어떤 비참하고 가난한 자의 운명이 한 법관의 잘못된 추론이나 순간적인 기분에 마음대로 좌우되는 것을 본다. 법관은 그의 마음에 영향을 미치는 여러 충동들의 우연한 조합을 정당한 법해석으로 간주한다. 동일한 범죄를 동일한 법원에서 다룰 경우에도 시기에 따라 달리

처벌되는 경우도 보인다. 이는 고정불변인 법의 소리에 따르지 않고, 불안정하고 오류가 있기 마련인 법해석이란 수단에 기대고 있기 때문이다.

형법 자구의 엄격한 준수로부터 생겨날 무질서는 법의 해석으로부터 생겨나는 무질서와 비교해볼 때 사소한 것이다. 법률의 문리해석에 따라 일시적인 불편이 생겨날 경우, 입법자가 그러한 불확실한 법률조문에 대해 수정을 하는 것은 불가피하며 그리 어려운 일도 아니다. 하지만 법률의 자구를 그대로 따를 때는 법적 논쟁이 자의적이고 돈으로 좌우될 여지는 없다. 법률이 성문으로 확실히 규정되어 있는 경우 법관의 임무는 특정한 시민의 행위를 심사하여 그 행위가 위법인가 적법인가를 법조문에 따라 판단하기만 하면 된다. 정의와 부정의 기준은 무지한 자든 철학적 소양을 갖춘 시민이든 똑같이 규율되어야 한다. 만일 모든 행위를 판단하는 정의와 부정의 기준이 사실의 문제가 아니라 논쟁의 영역에 남겨진다면, 시민들은 법관, 다시 말해 다수의 소압제자에게 예속된다. 압제자와 피압제자 간의 거리가 가까울수록, 압제는 더 한층 잔혹하게 여겨진다. 다수의 소압제는 1인의 압제보다 더 파괴적이다. 왜냐하면 다수의 압제를 시정하기 위해서는 1인의 압제를 수용하는 길밖에 없기 때문이다. 압제자의 잔혹성은 그의 권력에 비례하는 것이 아니라 그가 직면하는 장애물에 비례하는 것이다.[2]

문자 그대로 시행되는 형법이 있다면, 시민들은 자신의 범법행위로부터 생겨날 불이익과 불편을 정확히 계산할 수 있다. 이것은 시민을 범죄로부터 멀어지게 하는 유용한 방법이다. 또한 시민들은 인신과 재산의 안전을 향유한다. 인류가 사회로 결합한 목적이 바로 이것에 있기 때문에, 이런 방법은 정당한 것이기도 하다.

시민들은 자유와 독립의 정신을 획득하게 된다. 그러나 독립정신을 갖는다고 법을 뒤흔들고 치안판사에 대드는 것을 의미하는 것이 아니다. 오히려 사리사욕에 굴복하고 의심쩍은 견해를 수용하는 취약함을 오히려 덕성이라고 미화하는 자들에게 대항하게 된다.

이상의 지적은 자신의 상급자로부터 받은 압력을 자신보다 열악한 자에게 전가하는 습관에 젖어있는 자들에겐 유쾌한 일이 아니다. 압제자가 내 주장을 접한다면 그건 내겐 두려워해야 할 일인지도 모른다. 그러나 압제자는 독서의 취향을 갖고 있지 않기에 내가 걱정할 일은 별로 없을 것이다.

5

법률의 불명확성

법의 해석이 하나의 해악이라면, 법의 해석을 불가피하게 만드는 법의 불명확성 역시 명백히 또 다른 해악이다. 법조문이 보통 사람들이 이해할 수 없는 언어나 사어(死語)로 작성된다면, 이는 최악이다. 그럴 경우 보통 사람들은 자신의 생명·신체·자유가 어떻게 될지를 스스로 예측할 수 없게 되고, 그 때문에 그들은 법조문을 다루는 몇몇 사람들의 처분에 맡겨지게 된다. 이러한 종류의 법언어는 공적이고 일반적인 문서를 사적이고 특수한 문서로 바꾸어버린다. 문명개화된 유럽의 대부분에서 그런 사어를 법언어로 쓰는 관행을 지속해 오는 것을 보면,[1] 인간이란 도대체 뭘 생각하고 있는가?

신성한 법전을 이해할 수 있는 사람의 수가 많아지고 법전을 손에 들고 있는 사람이 늘어날수록, 범죄의 빈도는 줄어들 것이다. 왜냐하면 욕망의 감언이설은 형벌을 잘 모를수록, 형벌이 불확실할수록 더욱 부채질될 것이기 때문이다.

이러한 반성으로부터 생겨나는 결론은 이렇다. 성문의 법이 없이는 사회는 확정된 정부형태를 갖출 수 없다. 권력이 일부 성원이 아니라 사회전체로부터 나오고, 그 법은 사적 이해관계에 의해 변질되거나 부패되지 않고 오직 일반의사에 의해서만 개정되는 그러한 정부형태 말이다. 인류가 그 기원으로부터 멀리 떨어져 있을수록, 전통에의 의존성과 전통에 대한 신뢰성은 줄어든다. 이는 우리의 경험과 논리적 추론을 통해 알 수 있는 사실이다. 때문에 사회계약을 늘 상기시키는 기록물이 없다고 한다면, 어떻게 법이 시간의 망각적 힘과 인간의 커져가는 욕망에 버텨낼 수 있겠는가?

이것으로부터도 인쇄술이 얼마나 유용한 것인가 알 수 있다. 소수의 특권자가 아니라 일반 공중이 신성한 법의 후견인이자 옹호자가 될 수 있는 것은 오직 인쇄술 덕분이었다.[2] 인쇄술로 인한 서적의 확산은 권모술수라는 음울한 정신을 일소하였다. 음모와 술수는 계몽된 학문과 과학 앞에서는 추방될 수밖에 없는 것이다. 권모술수의 추종자들은 계몽적 정신을 경멸하는 체 하지만 실제로는 그것을 두려워한다. 유럽에서 우리 조상들을 괴롭혔던 흉악범죄가 오늘날 감소한 것은 역시 인쇄술 덕분이다.

지난 두세 세기의 역사를 알고 있는 자에게는 인도주의, 자비심 및 인간적 오류에 대한 관용 등 가장 소중한 덕목들은 사치와 생활의 편리함 가운데 생겨났음을 알 수 있을 것이다.[3] 또한 반대로 소위 고대적 단순성 및 독실한 신앙으로 잘못 일컬어진 것들이 야기한 실제 결과를 알 수 있을 것이다. 즉 인간은 무자비한 미신의 멍에로 신음해왔고, 소수 권력자의 탐욕과 야심은 국고(國庫)와 왕좌(王座)를 인간의 피로 물들였다. 비밀스런 반역과 공공연한 대량학살이 자행되었다. 모든 귀족들은 인민에 대한 압제자였다. 하나님의 사제들은 매일 자비의 신과 접하는 손을 피로 더럽혔다. 현대를 일컬어 부패와 타락의 시대라고 하지만, 지금과 같이 계몽된 시대에서는 그 같은 잔혹성과 억압의 무시무시한 사례들을 찾아볼 수 없다.[4]

6

범죄와 형벌 사이의 비례

범죄가 적을수록 사회에 이익이 된다. 사회에 초래하는 해악이 큰 범죄일수록 적게 생겨나는 것이 공익에 합치된다. 따라서 범죄를 억제할 수 있는 장애물의 크기는 그 범죄가 공익에 반하는 정도에 비례하여, 그리고 범죄로 이끄는 유혹에 비례하여 설정되어야 할 것이다.[1] 요컨대 형벌은 범죄에 비례해야 하는 것이다.

인간의 욕망충족을 위한 투쟁은 보편적이다. 그에 뒤따르는 모든 혼란을 온전히 예방하는 것은 불가능하다. 인구가 증가할수록, 개인적 이익이 교차할수록 그러한 혼란은 배가된다. 개인적 이익은 기하학적으로 정확하게 공공의 이익을 지향하는 것은 아니다. 정치 산술의 영역에서는 수학적 엄밀성 대신 확률적 계산이 더 타당하다.

역사를 잠깐 들여다보자. 제국의 경계가 넓어질수록 혼란이 증가하며, 민족적 기풍은 그에 비례하여 약화되었다. 개개인이 그러한 혼란 중에서 얻을 수 있는 이익이 증가할수록 범죄경향은 더 늘어났다.[2] 그 때문에 형벌을 가중시킬 필요성 역시 늘어나게 되었다.

사람들이 자신의 이익을 추구하도록 이끄는 힘은 물체에 작용하는 인력과 마찬가지로 끊임없이 작동된다. 그에 대립하는 장애물의 반대 작용에 의해서만 억제될 뿐이다. 인간의 자기이익 추구의 결과 온갖 종류의 인간행동이 생겨나며, 그것들은 서로 간섭하고 충돌한다. 형벌은 그에 대한 정치적 장애물로 부를 수 있다. 형벌은, 인간의 천성과 떼놓을 수 없는 인간행동의 동인(動因)은 그대로 두면서 그로 인해 생겨나는 악영향을 제거하려는 것이다. 숙련된 건축가는 중력을 없애고자 하지 않는다. 그는 중력의 파괴력을 견제하면서, 그 중력을 건축물을 강화시키는 힘으로 활용한다. 입법자의 임무는 이러한 숙련된 건축가의 역할에 비견될 수 있다.

인간들의 결합의 필연성을 감안한다면, 그리고 사적 이익의 충돌로부터 생겨날 수밖에 없는 사회계약을 감안한다면, 범죄의 등급을 설정할 수 있을 것이다. 가장 중한 등급은 사회의 존립을 직접적으로 파괴하는 행위가 될 것이며, 개개인에게 가장 경미한 침해를 야기한 행위가 가장 낮은 등급에 놓일 것이다. 이 양 극단 사이에는 공공복리에 반하여 범죄라 불릴 만한 모든 종류의 행위가 최고에서 최하까지 세분화되어 배치될 것이다. 만일 기하학이 무한하고 불명확하게 배열된 모든 인간행동에 적용될 수 있다면, 가장 가혹한 것으로부터 가장 경미한 것에 이르기까지 각각 상응하는 형벌의 등급을 설정할 수 있을 것이다. 범죄와 형벌에 대한 보편타당한 정확한 척도가 있다면, 우리는 각 나라가 얼마나 폭압적인가 혹은 자유로운가, 얼마나 잔혹한가 혹은 자비로운가를 측정할 수 있을 것이다.

앞서 언급한 등급에 포함될 수 없는 행위는 그 어느 것도 '범죄'라고 불리워질 수는 없으며, 그에 대해 형벌을 과해서는 안 된다. 그런데도 그런 행위를 범죄로 부른다면, 이는 그런 행위를 범죄로 간주하는 데 이익을 보는 자들이 있기 때문이다. 범죄의 한계를 명확히 하지 않음으로써 여러 나라에서 도덕과 법의 대립이 생겨나고, 시행되는 법규 간에 서로 모순이 생기며, 행실 바른 사람을 중벌에 처하는 법규가 양산되어온 것이다. 이리하여 '미덕'과 '악덕'의 관념은 모호하고 가변적으로 되어 버렸으며, 사람들은 자신의 존재 자체의 안전에 대해 불안을 느끼게 되었다. 그리하여 정치적 공동체의 유지·존속에 치명적으로 유해한 무력증과 혼수상태가 나타나는 것이다.

철학적 안목을 갖고 여러 나라의 역사와 법전을 읽는 독자는 다음과 같은 점을 대체로 발견할 수 있다. 즉 '덕성'과 '악덕', '선량한 시민'과 '범죄자'라는 말의 뜻은 시대에 따라 달라진다. 그것은 각국의 사정이 달라져서가 아니며, 공공복리와 언제나 일치하는 것도 아니다. 반대로 다른 시대에 다른 입법자들을 사로잡은 욕망과 오류로 말미암은 것이다. 한 시대의 욕망은 다음 시대의 도덕의 기본일 수 있다. 모든 물질적 · 도덕적 현상은 시간이 지나면서 평형상태로 환원되듯이, 광신과 열정의 산물인 강렬한 욕망도 시간의 경과에 따라 약화되고 침식되면서 서서히 진부한 상식으로 정착되고, 권력자와 술수가의 수중에 유용한 도구로 된다. 명예와 덕성이란 극히 모호한 관념도 이같은 방식으로 생겨난다. 명예와 덕성의 내용은 시대에 따라 달라진다. 원래 어떤 대상을 지칭하기 위해 만들어진 관념이 그 대상이 소멸된 이후에도 그 용어만 남아있는 것처럼 명예와 덕성의 관념도 극히 모호한 것이다. 관념은 또한 나라마다 다르게 나타날 수 있다. 나라를 가르는 강과 산맥은 물리적 지리뿐 아니라 인문지리의 경계선이 되기도 한다.

쾌락과 고통은 감각을 부여받은 존재에 있어 행동의 유일한 동인(動因)이다. 심지어 가장 숭고한 종교적 행위를 고취하는 동인으로 신은 보상과 형벌을 예정하고 있다. 그렇다면 형벌의 부정확한 배분은 하나의 모순을 야기한다. 즉 형벌은 형벌 자체로부터 초래된 범죄를 처벌한다는 모순이다. 이러한 모순은 매우 보편적이지만 잘 식별되지 않고 있다. 만일 사회에 피해를 끼치는 정도가 다른 두 범죄에 대해 똑같은 형벌이 적용된다면, 보다 중한 범죄를 저지르는 데 대한 보다 강한 억지력은 존재하지 않을 것이며, 그 경우 사람들은 그 중한 범죄를 저지르는 것이 보다 이익을 준다고 생각할 경우 그러한 행위를 저지르게 될 것이다.[3]

7

형벌의 측정에서 범하는 오류

앞서 살펴본 바와 같이 범죄의 유일 타당한 척도는 사회에 끼친 해악이다.[1] 범죄의 진정한 척도가 범죄자의 의사에 있다고 믿는 것은 잘못이다. 한 개인의 의사는 그의 정신적 기질, 그리고 대상이 그의 감각에 끼친 실제적 인상에 달려 있다. 그것은 사람마다 다르고 심지어 한 사람에 있어서도 그 사상, 감정, 상황의 변화에 따라 시시각각 달라지는 것이다. 개인의 주관적 의사를 범죄의 척도로 삼는 방식 하에서는, 개인별로 별개의 법전을 만들어내야 하며, 각 범죄마다 새로운 법을 만들어야 할 것이다. 때로는 인간은 최선의 의사를 가지고도 사회에 최악의 결과를 초래하기도 하며, 다른 한편으로 가장 사악한 의사를 가지고 하는 행위가 사회에 최대의 복지를 가져올 경우도 없지 않다.

공동선에 미치는 범죄의 중대성에 따라서가 아니라 피해자의 지위에 따라 범죄의 심각성을 측정하려는 자들도 있다. 피해자의 지위가 진정한 척도가 된다면, 신(神)에 대한 사소한 불경행위도 군주의 암살보다 엄중하게 처벌되지 않으면 안 될 것이다. 신성의 우월성과 관련된 범죄는 다른 범죄와 차원을 달리할 것이기 때문이다.

종교적 죄악(sin)의 비중이 범죄의 심각성을 측정함에 이어 고려되어야 한다는 견해도 있다.[2] 그러나 인간 대 인간, 인간 대 신(神) 사이의 관계를 공평무사하게 검토하는 사람들에게 이러한 견해는 잘못된 것임이 금방 드러날 것이다. 인간과 인간은 서로 평등한 관계이다. 오직 '필요'만이 여러 욕망의 충돌과 이해관계의 대립으로부터 공통적 효용, 즉 공리의 관념을 발생시켰다. 이 공리가 인간적 정의의 기초인 것이다.

인간과 신의 관계는 이와 다르다. 인간은 완전한 존재이자 세상을 창조한 신에 종속된다. 입법자이면서 동시에 재판관이 될 권능은 오직 신만이 보유하는 것이다. 신만이 아무런 부작용 없이 양자를 겸할 수 있기 때문이다. 만일 신이 그의 전지전능함에 불복하는 자에 대해 영원한 천벌을 설정한다면, 감히 하찮은 미물들이 신의 정의를 어떻게 보충하려고

드는가? 신은 부족함을 모르는 존재이며, 쾌락과 고통과 같은 인상을 받을 수 없는 존재이며, 행동할 때 그에 대한 반발을 두려워할 필요가 없는 유일한 존재이다. 그런데 감히 미물들이 신을 위해 복수하겠다고 나서는가?

종교적 죄악의 심각성은 측량할 수 없는 마음속의 악성에 달려있는 것이다. 유한한 인간은 신적 계시의 도움 없이는 그 정도를 알 수 없다. 그렇다면 그것을 어떻게 형벌의 잣대로 삼을 수 있겠는가? 신이 용서하는 경우에 인간은 처벌할지 모르며, 그 반대로 신이 벌할 때 인간은 용서할 지도 모른다. 인간이 불경스런 언동을 통해 신성을 범할 수 있듯이, 신을 대행하여 처벌한다는 그 행위가 신의 뜻과 어긋날 수도 있다.[3]

8

범죄의 분류

이제껏 살펴보았듯이 범죄의 진정한 척도는 그것이 사회에 끼친 해악이다. 이것은 상식적인 지성을 지니고 있는 자에게는 나침판이나 망원경 없이도 발견될 수 있는 명백한 진리의 하나이지만, 너무도 복잡한 사정들이 얽혀있는 까닭에, 이 진리가 실은 여러 시대・나라에서 소수의 사상가 이외에는 확실하게 인식되지 않고 있는 것이다.

하지만 아시아적 전제정치에나 걸맞는 견해, 권세로 무장한 욕망은 초기 사회의 으뜸 원리를 구성했던 이 간명한 진리를 짓눌러 왔다. 보통은 잘 느껴지지 않는 압박을 통해, 또 때로는 무시무시한 인상을 통해 이 진리를 압살해온 것이다. 그러나 우리 시대의 계몽주의는 엄밀한 합리적 검토와 수많은 불행한 경험을 통해 보다 확신있게 이 진리에 복귀하려고 한다.

이즈음에서 범죄의 종류를 구별하고 그에 대한 처벌방식을 검토하는 것이 순서에 맞을지 모른다. 그러나 서로 다른 시간과 장소, 상황으로부터 생겨나는 수많은 다양성 때문에 이러한 작업은 너무나 거대하고 또 잡다한 일이 되어버릴 것이다. 여기서는 가장 일반적 원리가 무엇인지, 가장 유해하고도 광범위하게 범하는 오류가 무엇인지를 지적하는 것으로 충분하다. 그럼으로써 나는 자유에 대한 오도된 열망으로 아예 무정부주의를 끌어들이려는 자들과, 반대로 인간사회를 수도원적인 규율로 옥죄려는 자들의 어리석음을 바로잡으려 한다.

어떤 범죄는 사회 혹은 그 대표자를 직접 파괴한다. 어떤 범죄는 각 시민의 생명 · 재산 · 명예의 안전을 침해한다. 어떤 범죄는 공공복리를 위하여 각인이 해야 할 의무와 하지 말아야 할 금지의 규정을 위배하는 것이다. 그중 첫 번째 유형, 흔히 대역죄(lèse-majesté)로 불리는 범죄는 가장 큰 해악을 초래하는 것이기에 가장 중한 범죄이다. 그런데 그와 성질이 전혀 다른 수많은 범죄들에 대해 대역죄란 명칭을 붙여 극형에 처하고, 수많은 사람들을 그 명칭의 피해자로 만든다. 대역죄라는 가장 명백한 단어와 개념을 뒤죽박죽으로 만들어 놓는 것은 오직 폭정과 무지에 기인한 것이다.

모든 범죄는, 심지어 사인간의 범죄인 경우에도, 사회의 안전을 침해한다. 그렇다고 모든 범죄가 그 사회의 직접적인 파괴를 꾀하는 것은 아니다. 물리적 작용과 마찬가지로 도덕적 행동 역시 자신의 제한된 활동영역을 가지고 있다. 자연계의 모든 운동과 마찬가지로, 도덕적 행동은 시간과 공간에 의해 제약되어진다. 불변의 진리에 의해 뚜렷이 식별되는 사물의 한계를 혼동시키는 일은 통상 노예의 철학이라 할 만한 궤변적 해석을 통해서만 가능하다.

그 다음 개개 시민의 안전을 침해하는 죄가 위치한다. 시민의 안전은 모든 정당한 결사체의 으뜸되는 목적인 만큼, 모든 시민이 갖고 있는 안전권을 침해한 행위에 대하여는 법으로 설정된 보다 중한 형벌을 적용하지 않으면 안 된다.

국민 각자는 법률에 위배되지 않는 행위라면 무엇이든 할 수 있으며, 자신의 행위에 뒤따르는 법적 효과 이외에 다른 불이익을 염려할 필요가 없다.—이는 국민들이 신봉하고 최고 재판관들이 선언해야 할 정치적 신조이며, 법으로써 보장되어야 한다.[1] 이 신성한 신조가 없이는 합법적 사회는 존재할 수 없다. 행동의 자유는 모든 감각적 존재에 공통적이며 그 자신이 구사할 수 있는 자연적 힘의 한계에 의해서만 제약받는다.[2] 그런데 이러한 일반적 행동의 자유를 희생한 대가로 정당하게 받은 보상이 이러한 정치적 신조인 것이다.

이러한 신조는 인간을 자유롭고 활기차게 하며, 정신을 각성시킨다. 또한 변덕스럽고 불확실한 생활을 견뎌내기 위해서 눈치나 보는 것과는 확연히 다른, 공포에 맞서는 시민적 덕성이 계발될 수 있다.

시민의 안전과 자유를 범한 죄는 가장 중죄에 속한다. 여기에 해당하는 살인과 강도 등은 보통사람들뿐 아니라 귀족과 관리에 의해서도 저질러진다. 그런데 후자는 훨씬 거대하고 광범한 영향력을 갖고 있다. 그들의 범죄는 정의와 의무 대신 강자의 특권을 확인시키게 되어, 정의와 의무에 대한 시민들의 신뢰를 파괴시킨다. 그렇게 되면 특권을 행사하는 자와 그로 인해 고통받는 자 모두에게 위험한 결과가 초래될 것이다.

9

명예에 대하여

시민법과 '명예'라고 불리는 법 사이에는 뚜렷한 모순이 있다. 시민법은 무엇보다 각 시민의 인신과 재산에 대한 엄중한 후견자이다. 반면 후자는 다른 사람들의 평판에 우선권을 준다.

이 '명예'라는 말은 장황하고 화려한 논의의 소재가 되어 왔지만 거기에 어떤 확고한 의미가 정착되어 있지 않다.

인간의 정신상태는 얼마나 한심한가! 천체의 운행과 같은 우리와 멀리 떨어져 있고 별 중요치도 않는 관념이 우리와 가장 가까이 있고 중요도가 높은 도덕적 관념보다 훨씬 잘 파악될 수 있다니. 도덕적 진실은 늘 흔들리고 헷갈린다.

그것은 욕망의 바람에 흔들리고, 무지한 상태에서 수용되고 전파된다. 이는 언뜻 이상하게 여겨진다. 그러나 물체를 눈앞에 바짝 붙일수록 흐릿하게 보인다는 점을 생각해보면 납득할 만하다. 도덕관념은 너무 근접해 있기에 도덕관념을 형성하는 많은 단순관념들은 쉽사리 뒤섞여지고, 인간의 감각현상을 엄밀하게 탐구하기 위해 필요한 개념적 구분을 혼동시켜 버린다. 개념적 구분선을 명확히 설정하면, 인간사에 대한 현명한 관찰자라면 인류의 행복과 안전을 위해 그토록 대단한 도덕장치도, 그토록 많은 제약도 별 필요 없음을 당혹감 없이 인정하게 될 것이다.

명예는 하나의 복합적인 관념이다. 명예는 단순 관념뿐 아니라 복합적 관념으로 구성된 그런 복합체이다. 이 관념은 그것의 다양한 구성요소 중 일부를 포함하고 또 일부를 배제하면서, 소수의 공통관념만 남겨놓는다. 이는 마치 몇 개의 복합적 숫자 속에서 공약수를 찾아내는 것과 유사하다. 명예라는 단어와 관련된 여러 다른 관념 중 이러한 공약수를 찾아내기 위해서는 사회의 원초적인 구성에 대해 잠깐 살펴볼 필요가 있다.

원초적 법 및 원초적 법집행자는 각인의 전제주의적 본성으로 초래된 폐해를 치유할 필요성에서 생겨났다. 바로 이 점이 사회를 구성한 목적이었고, 모든 법전의 첫머리에 실질적으로든 형식적으로든 보존되어온 목적이다. 심지어 가장 유해한 법도 이런 목적을 표방하긴 마찬가지다.

그러나 인간관계가 밀접해지고 지식이 진보함에 따라 인간의 활동은 무한히 다양해지고 서로의 필요성은 더 커진다. 이러한 필요성을 법으로 다 대비할 수 없으며, 각인의 실제 역량도 그에 미치지 못하게 된다. 이 단계에 와서 평판의 전제가 시작되었다. 평판은 법률이 충분히 제공할 수 없었던 혜택을 타인으로부터 획득하고, 법률이 미처 대비하지 못했던 해악을 방지하기 위한 유일한 수단이었던 것이다.

평판을 부담으로 느끼는 것은 현자나 보통사람이나 다를 바 없다. 그것은 사람의 진가보다 덕의 겉모습을 더 신용한다. 평판을 얻으면 악당이 성자로 바뀌어 보일 수도 있다. 타인의 평판을 얻는 것은 유용할 뿐만 아니라 보통수준 이하로 전락하지 않도록 하기 위해서 반드시 필요한 것이기도 하다. 야심가는 유용하기에 평판을 얻으려 노력하며, 허영심 많은 자는 자신이 대단한 사람이라는 것에 대한 일종의 증거로써 평판을 간구하며, 정직한 사람에게 평판은 필수적인 것이다.

많은 사람들은 명예를 얻는 일에 목숨을 걸 각오가 되어 있다. 그것은 사회가 형성된 후에 탄생한 것이어서, 각인이 원초적 자유의 일부를 양보하여 이루어진 공동의 위탁물에 속한 것은 아니며, 자연상태로 일시적으로 복귀하는 것이다. 그리고 이 복귀는 특정한 경우에 있어서 시민에게 적절한

보호를 제공하지 못하는 법으로부터 자기 자신을 일시 철수하는 셈이 된다.[1]

따라서 극도의 정치적 자유의 상태에 있거나 극단적인 예속의 상태에 있는 경우에는 명예의 관념은 소멸하든가 아니면 다른 관념에 흡수되어 있다. 법의 전제가 이루어지는 전자의 경우에는 타인의 평판을 더 추구할 필요는 없으며, 한 인간의 전제가 이루어지는 후자의 경우에는 모든 시민적 공존이 부정되고, 다른 모든 사람들은 불안하고 임기응변적으로 살아가도록 만든다. 그렇다면 명예는 완화된 전제정에 해당하는 군주정의 근본원리의 하나가 된다.[2] 군주정에서 명예가 미치는 효과는 절대적 전제주의 국가에서 혁명이 미치는 효과와 같다. 즉 명예는 자연상태로 잠시 복귀하여, 인류가 원초적으로 평등했음을 환기시킨다.

10

결　투

타인의 평판을 얻을 필요성의 일환으로 사적 결투가 생겨난다. 이 결투는 정확히 법이 없는 무정부상태에 기원하는 것이다. 결투는 고대사회에서는 알려지지 않은 것으로 생각된다. 아마도 고대인들이 사원이나 극장, 친구의 집에 수상쩍게 무장하고 모이지 않았기 때문이든지 혹은 결투가 노예검투사들에 의해 제공된 공개적 오락거리이어서 자유인들이 이를 흉내내는 것은 경멸받았을 것이기 때문이다.

결투에 가담한 자를 사형에 처하는 법령으로도 결투의 악습을 근절시키지 못했다. 그 관습에는 사람들이 죽음보다 더 두려워할 무엇이 있기 때문이다. 결투를 거절한 자는 타인으로부터 좋은 평판을 얻지 못한다. 그러면 정직한 사람은 고립될 수밖에 없으며, 이는 사회성을 가진 인간에게 견딜 수 없는 고통으로 작용할 것이다. 또한 그는 모욕과 중상에 시달린다. 때문에 결투하지 않고 이런 고통을 당하느니 처형당할 위험을 무릅쓰고도 결투하는 것이 낫다는 생각이 들게 되는 것이다.

평민들이 귀족들보다 결투를 덜 하는 이유는 무엇일까? 평민들이 무기를 휴대하고 있지 않기 때문만이 아니라, 귀족들보다 타인의 평판을 얻을 필요성이 덜하기 때문이다. 높은 지위를 갖고 있는 귀족계급은 평민보다 한층 상호의심과 질시로 반목한다.

결투의 범죄를 예방하는 최선의 방법은 공격자 즉 결투의 계기를 제공하는 행동을 한 자를 처벌하는 것이다. 반면 기존의 법이 보장해주지 못하는 것, 즉 좋은 평판을 지키기 위해 결투에 응하지 않을 수 없었던 자에게는 무죄를 인정해야 한다.[1] 이 방법은 이미 주장되어온 것이지만, 여기서 반복하는 것도 무익하지는 않으리라 생각된다.

11

공공의 평온

또 다른 유형으로 공공의 평온을 방해하고 시민들의 정숙을 깨뜨리는 범죄가 있다. 여기에는 장사와 통행을 위해 마련된 공공도로 상에서의 소란행위, 호기심 많은 군중의 감정을 격동시키는 광신적 설교 등이 있다. 그러한 군중의 감정은 청중의 숫자가 많을수록 힘을 얻고, 명료하고 조용한 이성의 소리에는 귀를 막으면서, 모호하고 신비적인 열정에 영향을 받기 마련이다.

이 같은 군중적 열정의 위험한 분출을 예방하기 위한 유용한 수단은 다음 것들이다. 즉 공공경비를 들여 야간에 가로등을 켜고, 도시 각처에 야경을 배치하도록 한다. 종교적 강론은 공권의 보호 하에 있는 교회의 침묵과 신성한 평온 가운데에서 간소하고 도덕적으로 행하도록 한다. 사적·공적 이익을 지지하는 연설은 국민집회·의회 기타 주권자의 위엄이 지배하는 곳에서 이루어지도록 한다. 이들은 더불어, 프랑스인들이 '경찰'(la police)이라 부르는, 치안감시의 주요 분야를 구성한다.

그러나 이 같은 치안활동이 모든 시민들에게 보급되는 법전이 아니라 자의적인 법에 따라 이루어진다면, 이는 압제에의 문호를 열게 된다. 압제는 정치적 자유의 변경을 둘러싸고 있으며, 언제든 자유를 침해할 틈을 노리고 있다.

다음의 일반적 공리에는 예외가 없다. 즉 모든 사람들은 자신이 유죄가 되고 언제 무죄가 되는지를 사전에 알아야 한다. 만일 검열관이나 다른 자의적인 법집행자가 어느 체제에 필요하다고 한다면, 그것은 그 헌정체제의 결함 때문이지 질서정연한 정부의 속성에 맞는 것은 아니다.

공개적 잔혹성보다 운명의 불확실성이 은밀한 폭정에 더 많은 희생자를 만들어냈다. 공개적인 잔혹한 형벌은 인간정신을 위축시키기보다는 반발심을 불러일으킨다. 용기는 진리의 광명 속에서, 아니면 욕망의 불꽃 속에서, 그도 아니면 눈앞의 위험을 알지 못할 때 빛날 수 있다. 진짜 폭군은 우선 여론에 대한 통제력을 확보한 뒤, 이 같은 용기를 꺾어 버리려 한다.

그러나 각 범죄에 대한 적합한 형벌은 무엇일까? 사형은 사회안전과 선량한 사회질서를 위해 유용하고 필요한 형벌인가? 고문과 신체형은 정당한가, 또 그런 방법으로 법의 목적을 달성할 수 있을까? 범죄를 예방하는 최선의 방법은 무엇인가? 동일한 형벌은 어느 시대나 똑같이 유효한 것인가? 형벌은 풍속에 어떤 영향을 미치는가?

이러한 문제는 궤변과 능변, 그리고 소심한 회의론으로도 시비걸 수 없는 정도의 기하학적 엄밀성을 갖고 분석할 가치가 있다. 내가 한 일은 이미 다른 나라에서 대담하게 저술했고 실행에 착수한 일을 이태리에서 보다 명료하게 처음으로 제출한 것이며, 그 점을 인정받는 것만으로도 내겐 다행하다고 생각한다.[1] 하지만 인류의 권리와 불굴의 진리를 옹호함으로써, 폭정과 무지에 희생되어온 불행한 자들 중 단 한 명이라도 죽음의 불안과 고통으로부터 구제해낼 수 있다면, 온 인류가 경멸하더라도 환희에 넘친 그 무고한 자의 감사와 눈물은 내게 충분한 위로가 될 것이다.[2]

12

형벌의 목적

형벌의 목적은 감각적 존재인 인간을 괴롭히고 고문하는 데 있지 않고, 이미 범해진 범죄를 원상태로 되돌려 놓자는 것도 아니다. 이 점은 이제까지 간단히 살펴본 바로도 명백하다.

국가는 개개인의 사적 욕망에 좌우되지 않고 그러한 욕망을 조용히 누그러뜨리는 조절자로 기능해야 한다. 이러한 국가에서 쓸모없는 잔혹성이 어떻게 뿌리내릴 수 있을까? 이유 없는 잔혹성은 광신적 격정의 도구이든지, 무능한 폭군이 자행하는 도구에 불과하다. 고문당하는 자의 비참한 비명소리가 시계를 되돌려 이미 저질러진 행위를 이전의 원상태로 만들어낼 수 있는가?

형벌의 목적은 오직 범죄자가 시민들에게 새로운 해악을 입힐 가능성을 방지하고, 타인들이 유사한 행위를 할 가능성을 억제시키는 것이다. 따라서 형벌 및 그 집행의 수단은, 범죄와 형벌 간의 비례관계를 유지하면서, 인간의 정신에 가장 효과적이고 지속적인 인상을 만들어내는 동시에, 수형자의 신체에는 가장 적은 고통을 주는 것이어야 한다.[1]

13

증　인

증인의 신빙성과 유죄의 증명을 어떻게 결정할 것인가 하는 점은 모든 훌륭한 법제에서 대단히 중요한 문제이다. 상식을 갖춘 사람이라면 증인이 될 수 있다. 즉 그 사고에 어느 정도 조리가 있고, 그의 감각이 타인의 것과 그리 다르지 않는 모든 사람은 증인이 될 수 있다.

증언의 신빙성 여부는 그가 진실을 말하는 데 이해관계를 갖고 있는가, 진실을 감출만한 이해관계가 있는가에 달려 있다. 연약하다는 이유를 들어 여성의 증언을 배제하는 것은 어리석은 일이다. 또 법적으로 죽은 자로 간주되는 유죄판결을 받은 자를 사실적으로도 죽은 자로 취급하여 증인적격을 부인하는 것은 어리석은 일이다. 평판이 나쁜 자의 악평을 들어 그가 증인이 될 수 없다고 주장하는 것은, 그가 허위진술을 할 만한 이해관계가 있지 않는 한, 사리에 맞지 않다.

증인과 피고인의 관계가 적대적이거나 친밀하거나 기타 긴밀한 관계에 있을수록 그 증언의 신빙성은 약화된다. 하나의 증언만으로 유죄를 인정할 수 없다. 한 증인이 유죄사실을 증언하고 다른 증인이 이를 부인한다면 아무 것도 확실치 않다. 이 경우에는 모든 사람은 무죄로 추정될 권리를 갖는다는 원칙에 따라야 한다. 증언의 신빙성은 범죄가 흉악할수록 낮고,* 그 개연성이 적을수록 낮다.[1] 마법 및 극도로 잔혹한 행위가 그 예이다. 마법의 경우에는, 증언자들이 허

---

* [원주] 형법 전문가들에 따르면, 증언의 신빙성은 범죄가 보다 흉악할수록 커진다고 한다. 다음의 가장 잔혹하고 어리석은 명제가 철칙으로 통용되어 왔다. 즉 In atrocissimis leviores coniecturae sufficiunt, et licit iudici iura transgredi. 이 명제를 일상언어로 번역하여, 모든 유럽인들에게 자신들이 잘 알지도 못한 채 복종하고 있는 수많은 무의미한 공리중의 하나를 알려주자. 즉 "가장 흉포한 범죄(다시 말해 가장 발생가능성이 적은 범죄)의 경우에, 가장 박약한 추측으로 충분하며 법관은 법률의 한계를 넘어설 권한이 있다." 어리석은 법절차는 가끔 공포의 산물이며, 공포는 인간적 모순의 주원인 가운데 하나이다. 결백한 자를 유죄판결한 데 대한 두려움에서, 입법자들은 법학을 쓸모없는 형식과 예외들로 부담스럽게 채워 넣는다. 만일 그러한 형식과 예외를 엄격히 준수한다면 무정부주의적인 불처벌을 정의의 왕좌에 앉히는 꼴이 될 것이다. 입증하기 어려운 소수의 흉포한 범죄에 대한 두려움에서 그들은 자신이 만들어 놓은 그 형식을 무시하지 않으면 안 되겠다고 느낀다. 가끔은 횡포한 초조함으로, 또 가끔은 유약한 소심함으로 그들은 심각한 공판정을 우연과 기만을 주연으로 하는 하나의 게임으로 변질시켜 버린다.

위진술했을 가능성이 더 크다. 모든 피조물에게 아예 부여하지 않았거나 부여한 뒤 박탈했던 권능을 특정인이 행사한다고 믿기보다는, 몇몇 사람들(증인)이 무지 혹은 증오로 인해 착각에 빠졌다고 보는 것이 더 그럴듯하기 때문이다.[2] 극도의 잔혹한 행위의 경우에도, 그것을 주장하는 증인에 불리한 추정을 할 수 있다. 왜냐하면 누구도 어떤 이익, 적대감, 공포감과 같은 동기에 비례하는 정도를 넘어서 잔인할 수는 없는 까닭이다. 엄밀히 말해서, 사람에게 어떤 잉여의 감정은 없다. 인간의 감정은 감각기관에 주어진 인상의 효과에 비례하는 것이다. 마찬가지로 증인이 비밀결사의 성원이고, 그 비밀결사체의 관습과 규칙이 잘 알려져 있지 않거나 일반대중의 그것과 다를 경우, 그의 증언의 신빙성은 다소간 약화될 것이다. 그런 사람들은 그 자신의 감정뿐 아니라 그가 속한 비밀결사의 열정을 아울러 지니고 있기 때문이다.[3]

마지막으로 말(발언)과 관련된 범죄의 경우 증언의 신뢰성은 거의 없다. 말할 때의 어조, 표정과 몸짓, 같은 말이라 해도 그 앞뒤에 붙은 다른 말 이 모든 것들이 그 사람의 말 내용을 바꾸어 버릴 수 있으므로, 원래의 말 그대로를 재현하는 것은 거의 불가능하다.[4] 더욱이 진짜 범죄에 해당하는 폭력 및 특수 행동들은 수많은 정황과 결과 속에 증거를 남기게 된다. 하지만 말은 듣는 이의 기억 속에만 남아있는데, 그 기억이란 정확성이 떨어지는 데다 편견이 섞이기 마련이다. 때문에 특정인의 행동을 비방하기보다 그의 말을 비방하기가 훨씬 쉽다. 행동의 경우, 피고인에게 불리한 정황증거가 많을수록 자신의 결백을 입증할 방법도 더 많아질 것이기 때문이다.

14

범죄의 입증과 재판방식

어떤 사실이 확실히 발생했는가를 추론하는 데 매우 유용한 일반적 정리가 있다. 각 범죄의 증거의 무게가 그것이다.

한 사실의 증명이 상호 의존적으로 되어 있는 경우, 다시 말해 각 증거가 단독으로는 아무 것도 입증할 수 없는 경우에는, 증거의 수효는 사실의 신빙성에 영향을 주지 못한다. 왜냐하면 이러한 증거 가운데 어느 하나에 결함있는 사유가 발견되면 그에 연관된 모든 증거가 무가치하게 될 것이기 때문이다.

반면 한 사실에 대한 완전한 증명이 오직 특정증거에 달려있는 경우, 다른 증거의 수효는 역시 사실의 개연성에 영향을 미치지 못한다. 이 경우에는 오직 그 특정증거의 증거가치가 결정적일 뿐, 다른 증거들은 그 증거에 종속되어 있기 때문이다.

증거가 서로 무관할 때, 즉 각 증거가 단독으로 증명자료가 될 경우에는, 증거가 많을수록 사실의 개연성은 더 높아진다. 이 때에는 어느 하나의 증거가 결함이 있더라도 다른 증거의 신빙성에 부담을 주지 않기 때문이다.

범죄가 확실해야 형벌을 과할 수 있다. 여기서는 확실성 대신 개연성이란 말을 쓸 것이다. 이상하게 들릴지 모르지만, 엄밀히 말해 도덕적 의미의 확실성은 확률적인 개연성일 수밖에 없음을 생각해 볼 때 의문은 사라질 것이다. 상식있는 사람이라면 습관적으로 이 말에 동의할 것이다. 습관은 행동할 필요에서 나오는 것이며 모든 이론적 사색에 앞서는 것이기 때문이다. 어떤 자를 진범으로 선언하기 위해 필요한 확실성의 수준은, 일생에서 가장 중요한 일을 결정해야 하는 사람이 고려해야 할 정도의 확실성에 다름 아니다.

증거는 완전증거와 불완전증거로 구분될 수 있다. 완전증거라 함은 피고인이 무죄일 가능성을 배제하는 증거이고, 불완전증거는 무죄일 가능성을 배제할 수 없는 증거를 말한다. 완전증거라면 그 단일증거만으로도 유죄로 하기에 충분하다. 불완전증거의 경우에는, 하나의 완전증거와 같은 가치를 가질 수 있도록 다수의 증거를 구비하지 않으면 안 될 것이다.

다시 말해 개별증거로 분리되어 있을 때는 피고인의 무죄가능성을 배제하지 못하지만, 그 증거들이 같은 사안에 결합될 때는 무죄가능성을 배제할 수 있을 것이다. 불완전증거에 대하여 피고인은 결백을 주장할 수 있지만, 적절히 주장하지 않으면 완전증거로 되어버릴 수 있음을 유의해야 할 것이다.

그러나 도덕적 의미에서 증거의 확실성은 논리적으로 개념화하는 것보다는 감각적으로 느끼는 것이 더 쉽다. 이런 이유에서 주심판사와 함께, 지명이 아니라 추첨으로 선정된 시민보조자들을 두고, 그들이 함께 재판하는 제도를 설치하는 것이 바람직하다고 생각한다. 무지한 자는 감각으로 판단하지만, 전문가는 학설과 의견으로 판단한다. 전자의 판단이 후자의 판단보다 더 믿을 수 있는 안내자이다.

법이 명료하고 정확하게 되어 있다면 재판관의 임무는 사실의 확인뿐이다. 범죄수사가 능력과 기술을 요한다면, 또 수사결과로 얻은 증거물의 제시가 명확하고 정밀할 것을 요한다면, 이러한 증거에 기초하여 판단을 내리는 것은 단지 간단한 일상적 상식만으로 충분하다. 재판관은 유죄판결에 익숙해져 있으며, 모든 것을 그의 전문지식에서 빌려온 인위적 개념요소로 환원하는 경향이 있다. 이러한 재판관의 학식보다는 보통사람의 상식이 증거판단을 잘못할 가능성이 더 적다.

법을 아는 일이 전문 학문이 아닌 나라는 얼마나 행복한가! 누구나 그와 동등한 이웃시민들로부터 재판받도록 하고 있는 법제는 정말 경탄할 만하다. 이러한 법제 하에서는 사람의 생명 · 자유 · 재산이 걸려있는 재판에서, 신분의 차이로부터 야기될 불만은 잠잠해질 것이다.[1] 이런 재판에서는 강자가 약자에 대해 갖는 우월감도, 하류층이 상류층에 대해 갖는 질시감도 작용할 여지가 없다.

다만 어떤 범죄의 범인과 피해자가 다른 신분에 속해있는 경우, 재판관의 절반은 피고인과, 다른 절반은 피해자와 같은 신분에 있는 자로 구성하는 것이 마땅할 것이다. 이렇게 모든 사적 이해(私的 利害) 사이에 세심하게 균형을 잡아주면 사물의 실상이 왜곡됨을 막고, 오직 법과 진실의 소리만 남을 것이다. 또한 피고인은 의심스러울 경우 일정 수의 배심원들을 기피할 권한을 가져야 한다. 피고인에게 일정기간 기피권을 제약없이 사용할 권한을 준 후에 유죄판결이 내려지게 되면 그는 스스로 형을 선고한 셈이 된다.

증거와 판결은 공개되어야 한다. 그래야 사회를 결속시키는 유일한 접합제인 여론은 강자의 횡포와 대중의 격정을 억제시킬 수 있다. 민중들은 "우리는 노예가 아니다. 우리는 법의 보호를 받고 있다"고 말할 것이다. 이러한 감정은 사람들에게 용기를 불어넣는다. 민중의 용기는 그 국가의 진정한 이익을 잘 알고 있는 주권자에게 세금만큼 가치있는 것이다.

더 이상 세부적인 데까지 들어가지는 않겠다. 전부를 말할 필요가 있다고 하는 사람에겐 차라리 아무 말도 하지 않는 것이 더 나을 것이기에.

15

밀고(密告)

밀고의 폐해는 명백하다. 그러나 많은 나라에서 그 정부의 취약성 때문에 불가결한 것으로 예찬되어 왔다.[1] 밀고의 관행은 사람들을 거짓말하고 눈치보는 자로 만든다. 타인이 밀고자가 아닐까 의심하게 되면, 그의 동포가 적으로 변한다. 사람들은 자신의 진실한 느낌을 가장하는 데 익숙해지게 되며, 자신의 감정을 타인에게 숨김으로써 마침내 자기 자신에게도 그 감정을 감추는 데까지 이르게 된다. 이 지경에 이르는 사람들은 얼마나 불행한가!

그들을 이끌어줄 확고한 지침 없이 자신을 위협하는 괴물로부터 벗어나기 위해 부심하면서 광막한 세평(世評)의 바다에서 지향없이 표류할 것이다. 그들의 현재는 언제나 미래의 불확실성에 의해 더욱 악화된다. 평온과 안전의 영속적 즐거움을 빼앗긴 채, 비참한 삶 가운데 이따금 보이는 축복의 순간들로 비참한 삶을 위로하곤 한다.

그러한 사람들 가운데 조국과 왕좌를 지켜낼 용감한 병사를 구할 수 있겠는가? 그러한 사람들 가운데 자유정신과 애국적 정열을 갖고 군주의 진정한 이익을 지지·확장시킬 타락하지 않은 재판관, 다시 말해 각계각층의 사람들로부터 군주에 대한 애정과 축복을, 세금과 함께, 가져올 수 있는 재판관을 구할 수 있겠는가? 그리고 왕국과 오두막에 다같이 평화와 안전, 근면한 노동—국가의 원동력이자 생명 그 자체라고 할 수 있는—을 통해 자기의 운명을 개선시킬 수 있는 희망을 선사해줄 재판관을 구할 수 있겠는가?

폭정의 방패는 비밀이다. 비밀이라는 꿰뚫을 수 없는 방패로 무장한 무고(誣告)에 대하여 자신을 방어할 수 있는 자가 있을까? 모든 신민을 적이 아닌가 의심하고 각 개인의 마음의 평화를 희생시켜 치안을 유지하는 통치자가 다스리는 정부는 도대체 어떤 정부란 말인가?

밀고를 정당화할 수 있다고 보는 논거는 무엇인가? 공공복리, 아니면 기존 정부의 안전과 유지를 위해? 폭력 및 그보다 훨씬 강력한 여론을 통제하는 정부가 오히려 모든 시민을 두려워한다니 참 이상한 정부가 아닌가? 아니면 밀고자를 보호하려고? 법으로써 밀고자의 안전을 충분히 보호할 수 없다면, 군주보다 더 강력한 신민이 있단 말인가! 밀고자에게 가해질 비방을 막기 위해? 그렇다면 비밀의 비방(즉 밀고)은 허용되고, 공공연한 비방만 처벌되는 셈이다. 범죄의 성질로 말미암아? 무해한 행위 혹은 심지어 공중에 유익한 행위를 범죄라 부른다면, 그에 대한 고소와 재판은 비밀리에 이루어져서는 안 된다. 범죄, 즉 사회에 대한 침해 가운데 공개재판을 통해 대중의 본보기를 제공한다는 사실이 사회의 일반이익에 배치되는 경우가 있을 수 있겠는가?

나는 모든 정부를 존중한다. 여기서 특별히 어떤 정부를 지칭하고 있는 것은 아니다. 때로는 정부조직에 뿌리내리고 있는 폐해를 근절하려다 그 국가의 기반을 파괴하는 결과를 초래할 수 있는 경우가 있다. 그러나 세계의 어느 한 모퉁이에 법을 제정할 임무를 부여받는다면, 손이 떨리고 후손들이 눈앞에 아른거려, 밀고의 관습을 도저히 재가할 수 없을 것이다.

몽테스키외에 따르면 공개적 고소는 군주정보다 공화정에 더욱 적합한 것이다. 공화정 하에서는 공공선이 시민의 으뜸가는 감정인 데 반해, 군주정에서 이같은 감정은 정부의 성질상 크게 약화될 수밖에 없기 때문이다. 군주정에서는 범법자를 전체 공중의 이름으로 소추할 임명된 검찰을 두는 것이 가장 현명한 방책이다.[2] 그러나 타인을 무고한 자는 무고당한 자가 받을 수도 있었던 그 형을 받도록 해야 할 것이다. 이는 공화정이든 군주정이든 마찬가지다.

16

고 문

많은 나라의 관행에 의해 인정된 잔혹한 행위의 하나는 재판 중인 피고인에 대한 고문이다.[1] 고문은 다음 목적으로 행해진다. 즉 피고인의 자백을 압박하기 위한 수단으로, 전후 모순되는 진술의 해명을 구하기 위하여, 공범을 적발하기 위해서, 일종의 형이상학적이고 불가해한 방식으로 피고인의 오명을 제거하는 수단으로, 혹은 여죄(餘罪)를 추궁하기 위해서 등이다.

재판관이 판결하기 전에는 누구도 유죄라 할 수 없다. 피고인이 공적 보호를 부여하기 위한 사회계약의 조건을 위반했음을 확정하기 전에는, 사회는 그로부터 공적 보호를 철회

할 수 없다. 그런데 그의 유·무죄에 대한 의심이 여전히 남아 있는 데도 재판관이 시민에게 (고문이란) 징벌을 과할 권한을 갖고 있는가? 그것이 폭력의 권리가 아니라면 무슨 권리인가? 여기에 전혀 새로울 것이 없는 딜레마가 존재한다. 피고인은 범죄자 아니면 결백한 자다. 만일 범죄자라면, 법률에 의해 규정된 형을 받는 것으로 족하다. 그의 자백은 불필요하기에 고문도 쓸데없는 셈이 된다. 법의 눈에는 범죄사실이 입증되지 않은 자는 결백한 자이다. 그의 범죄사실이 확실하지 않으면, 당신은 결백한 자를 고문한 것이다.[2]

한 사람에게 피고인이면서 동시에 자기 자신에 대한 고발자일 것을 요구하는 것은 적정절차를 의도적으로 혼란시킨다. 개인의 근육과 힘줄을 상대로 진실 테스트를 하는 것처럼, 고통이 진실을 발견하기 위한 시금석으로 기대하는 것도 마찬가지다. 고문은 건장한 악당들의 죄를 벗겨주고, 결백하지만 허약한 자를 범죄자로 만드는 확실한 방법이다. 고문은 진실을 재는 기준으로 치명적인 결함을 갖고 있다. 이 기준은 식인종에게나 합당한 것이다. 많은 점에서 야만적이었던 로마인들도 자신들의 잔혹한 '미덕'의 피해자였던 노예들에 대해서만 이 기준을 적용했을 뿐이다.[3]

형벌의 정치적 의도는 무엇인가? 타인을 겁주는 것 혹은 위하(威嚇)하는 것이다. 그런데 비밀스러운 사적 고문이 범죄자와 결백한 자에 대해 관례적으로 시행되어왔다. 이러한 전제적 관습은 어떻게 정당화될 수 있는가? 어떤 범죄도 처벌을 면해서는 안 된다는 점은 참으로 중요하다. 하지만 암흑 속에 묻혀있는 범죄를 누가 저질렀는지를 발견하는 것도 소용없는 일이다. 범죄가 이미 저질러졌고 그에 대한 아무런 치유책이 없는 경우에도 정치사회가 그것을 처벌하지 않으면 안 된다. 처벌하지 않으면 다른 사람들에게 죄를 저지르고 무사히 넘어갈 수 있으리라는 그릇된 희망을 불러일으킬 것이기 때문이다. 공포로 인해서든 덕성이 있어서든 간에 대다수의 사람들이 법을 위반하기보다는 존중하는 것이 사실이라면, 결백한 자를 고문할 위험성이 훨씬 크다고 보아야 할 것이다. 왜냐하면 한 개인이 법을 준수했을 가능성이 그를 위반했을 가능성보다 훨씬 클 것이기 때문이다.

고문을 정당화하는 또 다른 우스꽝스러운 구실은 오명을 정화한다는 것이다. 다시 말해 법에 포착된 자는 뼈를 깎는 고문의 고통을 통해 그의 증언이 진실임을 입증해야 한다.[4] 18세기와 같은 현대에 이러한 권력남용은 용납될 수 없다. 고통은 감각적인 것이다. 오명은 단지 도덕관계에 대한 것이다. 그런데 감각적 고통이 도덕적 오명을 어떻게 정화할 수 있겠는가. 고통은 용광로이고, 오명은 잡다한 불순물인가?

이런 우스꽝스러운 법의 기원을 추적하기란 어렵지 않다. 특정 국가에 시행되고 있는 어떤 부조리는 당해 국가에서 존중되어온 통념과 일정한 관련을 맺고 있기 때문이다. 그 관행은 시대를 막론하고 인간과 국가의 사고에 커다란 영향력을 행사해온 종교적·정신적 사상에서 유래했던 것 같다. 무오류의 종교적 교리에 따르면, 인간은 그 나약함으로 인한 원죄의 오점을 갖고 있지만, 아직은 신의 영원한 진노를 받을 정도는 아니다. 그런 오점은 무한한 불길에 의해 정화되어야 한다. 오명은 속인의 오점이다. 연옥의 불과 고통이 정신적·영적 오점을 정화하듯이, 고문의 고통은 속인의 오점을 제거하지 못할 까닭이 있겠는가 하는 것이다.

어떤 재판정에서는 유죄의 형을 선고하기 위해서는 범죄자의 자백을 전제요건으로 한다. 이는 불가사의한 참회의 법정에서 종교적 죄악의 고백이 가톨릭의 성사의 필수적인 부분이 된 것과 유사한 기원을 갖고 있다고 짐작된다. 이것은 사람들이 종교적 계시의 가장 빛나는 진리를 어떻게 남용해왔는가를 보여준다.[5] 무지의 시대에는 종교적 계시 이외에는 아무 것도 없었기에, 연약한 인간들은 매사에 그 계시적 진리에 기대어, 심지어 그와 상관없는 곳에까지 그 진리를 적용하려고 하는 어리석음을 범하였다. 그러나 오명은 법률이나 이성에 의해 규율되는 감정이 아니라 순전히 세평에 좌우되는 것이다. 고문당하는 사람에게 진실로 오명을 초래하는 것은 고문 그 자체이다. 오명을 더함으로써 오명을 정화하겠다는 것은 웃음거리에 지나지 않는다.

고문은 또한 피의자가 신문도중 전후 모순되는 진술을 한 경우 그것을 해결하기 위한 수단이 될 수 있다고 주장된다. 그러나 그런 모순을 설명하기 위해서는 형벌에 대한 공포감, 자신의 운명이 어찌될지 모른다는 불안감, 엄숙한 법정, 재판관의 위엄, 그리고 피의자의 무지함 등으로 충분하다. 평온한 상태에서도 진술의 모순은 흔히 나타난다. 그런데 눈앞의 재난으로부터 어떡하면 벗어날 수 있을까 하는 생각에 온통 쏠려있는 불안한 상태에서는 진술상의 모순이 훨씬 더하지 않겠는가.

고문이라는 수치스러운 진실의 발견방법은 낡아빠진 야만적인 시대의 법적 잔존물이다. 불이나 뜨거운 물을 이용한 재판, 혹은 결투라는 불확실한 방법으로 진실을 가리던 재판을 신의 재판, 즉 신판으로 일컬어지던 시대 말이다. 신판이란, 조물주의 작품인 영구불변의 인과관계의 연결이 하찮은 인간제도의 요청에 따라 매순간 부서지고 단절될 수 있는 것처럼 가정한다. 불·물에 의한 재판과 고문 사이의 유일한 차이점은, 전자의 결과는 순전히 물리적이고 외재적인 사실에 좌우됨에 반해, 후자의 결과는 피의자의 의지에 좌우되는 것처럼 보인다는 것이다. 그러나 이 차이점은 겉보기에 그렇다는 것이지 실제적인 것은 아니다. 불과 뜨거운 물의 효과를 피해갈 수 있는 방법은 사술(詐術)을 쓰지 않고는 거의 불가능하듯이, 고문의 격심한 고통 가운데서도 진실을 자유롭게 말할 수 있는 사람은 거의 없다.

의지가 개입된 모든 행위는 그 원천인 감각적 인상의 힘에 정확히 비례한다. 그리고 모든 인간의 감각적 능력은 제한되어 있다. 따라서 고통의 감각이 고문당하는 자의 모든 마음을 지배하는 지점에까지 이르게 되면, 그에게는 잠시라도 그 고통을 면할 지름길을 택하는 것 이외에 어떤 자유로운 선택을 할 여지가 없게 된다. 그러한 조건 하에서는 피의자의 반응은 불과 뜨거운 물이 일으키는 효과만큼 자명하다. 아무리 결백한 자라도 자백함으로써 눈앞의 고통을 그치게 할 수 있다고 믿는다면 그는 범행을 자백할 수 있다. 진실을 밝히기 위해 사용된다고 자처하는 바로 그 수단으로 인해 범죄자와 결백한 자의 모든 차이점이 사라지게 되어버린다.

여기서 고문의 고통 때문에 범죄를 범했다고 자백한 자들 가운데 결백한 자가 얼마나 많았던가 하는 사례를 인용하여 논점을 보강할 필요는 없을 것이다. 그러한 사례는 어느 시대, 어느 나라에서도 무수히 찾아볼 수 있다. 그럼에도 사람들이 사태를 변화시키지도 않고 당연한 결론을 끌어내는 것을 무시해왔음은 얼마나 놀라운가! 단지 생존에 필요한 것 이상을 생각하는 사람이라면, 고문과 같은 잔혹한 짓에 생각이 미칠 때 차라리 사회상태로부터 탈출하여 원초적인 독립의 상태로 돌아가고픈 유혹을 받지 않을 수 없다. 다만 마음의 폭군인 관습이 사람들을 다시 떠밀어서 두려움에 떨도록 만들어 버리는 것이다.

그러므로 고문의 효과는 인간적 체질과 수학적 계산의 문제가 된다. 즉 개개인의 체력과 감각의 민감성에 달려있는 것이다. 따라서 고문의 방법을 사용한다면 법관보다 수학자가 다음 문제를 훨씬 잘 풀 수 있을 것이다. 즉 결백한 자의 근육의 힘과 신경의 민감도를 알 수 있다면, 그에게 어느 정도의 고통을 과할 때 그 범죄를 자신이 저질렀다는 자백을 얻어낼 수 있는지 예견할 수 있을 것이다.[6]

피의자에 대한 신문은 진상을 규명하기 위해서 이루어진다. 그러나 그 사람의 거동, 동작 및 표정을 통해 진상을 알아내기 어렵다면, 고문을 통해 진상을 발견해내기는 더욱 어려울 것이다. 격심한 고통은 대다수의 인간들의 표정을 통해 진실이 드러날 모든 표지를 왜곡시켜 버린다. 모든 폭력적 행동은 진위(眞僞)를 구별해낼 수 있는 미세한 차이점들을 뒤죽박죽으로 만들고 해소시켜 버린다.

이 같은 사실은 고대 로마의 입법자들도 알고 있었다. 로마에서는 어떤 인격도 부인된 노예의 경우를 제외하고는, 고문의 사용이 허용되지 않았다.[7] 영국에서도 마찬가지다. 문학적 성취, 상업과 국부 및 국력의 우월성, 덕성과 용기의 모범을 보여주는 이 나라는 법률의 우수성 면에서도 의심할 나위가 없다.[8] 고문은 스웨덴에서 이미 폐지되었다.[9] 유럽에서 가장 현명한 군주 — 철학을 궁정에 가져오고, 신민을 친구처럼 아끼는 입법자[10] — 는 고문을 폐지시켰던 것이다. 그는 신민들을 법 앞에 평등하고 자유롭게 만들었다. 이는 현재와 같은 문제상황에서 합리적인 인간이 바랄 수 있는 유일한 평등과 자유이다. 군대의 대부분은 그 국가의 최하층으로 구성되어 있어서 다른 어떤 계급보다 고문을 필요로 하는 것처럼 보이지만, 고문은 군대를 규율하는 법률에서도 필요한 것으로 인정되지 않는다. 국가의 관습적인 폭력행사가 얼마나 거대한 것인가를 생각하지 않는 자에게, 평화의 법을 위해서는 유혈과 살육에 무감각해진 군인들로부터 인도적인 재판방식을 배워야 한다는 게 얼마나 이상한 일로 보여지겠는가!

이러한 진실은, 결국 혼동된 것이긴 하지만, 실제로 그 진실을 회피하려는 바로 그 사람들에 의해 감지되고 있다. 즉 고문 하에 행해진 자백은, 고문이 그친 후 선서하의 진술로 인정되지 않는다면, 아무 가치가 없다고 한다. 그러나 그와 같이 피의자가 범죄를 부인하게 되면 그에게 재차 고문이 가해진다. 몇몇 나라, 몇몇 법률가들은 3회까지는 이러한 수치스러운 신문방법이 가능하다고 하기도 하고, 이 문제를 재판관의 재량에 일임하고 있는 나라와 법률가들도 있다.

똑같은 두 결백한 자 혹은 똑같은 두 범죄자 중에서, 억세고 잘 견디는 자는 그 혐의를 벗게 되고, 나약하고 참을성 없는 자에게는 유죄의 형이 선고될 것이다. 이는 다음과 같은 추론에 의거한다. 재판관인 나는 당신이 이러이러한 범죄를 저질렀는지 알아낼 임무를 지니고 있었다. 당신은 굳세기에 그 고통을 이겨낼 수 있었다. 따라서 나는 당신에게 무죄를 선고한다. 반면 나약함 때문에 그 고통에 굴복한 자에게 나는 유죄임을 선고한다. 고통의 몸부림 속에서 짜낸 자백은 가치없는 것임을 나는 잘 알고 있다. 그러기에 당신이 고문 중에 자백한 사실을 이후에 부인한다면 나는 재차 당신을 고문하지 않으면 안 된다.[11]

고문의 사용에 필연적으로 수반되는 이상한 결과 중의 하나는, 결백한 자가 범죄자보다 열악한 상황에 놓이게 된다는 것이다. 만일 둘 다 고문을 당한다면, 상황은 결백한 자에게 전적으로 불리하다. 그는 하지도 않은 범죄를 자백하고 형의 선고를 받든지, 아니면 부당한 형벌(고문)의 고통을 치른 뒤에 무죄를 받든지 택일할 수밖에 없다. 반면, 범죄자는 유리한 상황에 놓여있음을 알게 된다. 즉 고문의 고통을 굳게 견뎌냄으로써 무죄선고를 받게 된다면, 그는 보다 적은 형벌(고문)을 감내함으로써 더욱 중대한 형벌을 면할 수 있었던 셈이다. 이같이 결백한 자는 잃을 것밖에 없는 데 반하여, 범죄자는 무언가 얻을 것이 있는 셈이다.

고문을 인정하는 법제는 다음과 같이 선언하는 셈이다. "인간들이여, 고통을 견뎌내라. 자연이 당신들에게 억누를 수 없는 자애심(自愛心)을 부여했다면, 그리고 자기방어권이라는 양도할 수 없는 권리를 부여했다면, 나는 그와 완전히 다른 감정—즉 자신에 대한 증오심—을 만들어낸다. 나아가 나는 당신이 자신을 소추하라고 명한다. 당신의 근육이 찢겨지고 뼈가 어긋나는 고통의 와중에도 진실을 말할 것을 명한다."

고문은 범죄자가 현재 소추당한 범죄 이외의 여죄(餘罪)를 추궁하기 위해서 사용되기도 한다. 이는 다음과 같은 추론에 의거한 것이다. "당신은 한 범죄를 저질렀음이 판명되었다. 따라서 당신이 수많은 다른 범죄를 저질렀을 가능성이 있다. 이러한 의심이 나를 압박한다. 나는 나의 진실발견방법을 사용하여 확인해보고 싶다. 당신은 죄를 지었기 때문에, 당신은 죄를 지었을 수 있기 때문에, 혹은 당신이 유죄이기를 바라기 때문에 법은 당신을 고문한다."

고문은 범죄의 공범을 알아내기 위해서 사용되기도 한다. 그러나 고문이 진실을 발견하기 위한 적절한 수단이 못됨이 밝혀진다면, 어떻게 그것이 공범을 폭로하는 데 기여할 수 있겠는가?[12] 고문에 못 이겨 자신에게 불리한 진술을 하는 자가 타인을 끌어들이기란 훨씬 용이한 일이 아닌가? 어떤 사람을, 다른 사람의 범죄와 관련하여 고문하는 것은 정당한가? 공범은 증인신문, 피고인신문, 물증 및 피살자의 사체 등의 방법으로 밝혀낼 수 없는 것인가? 요컨대 한 범죄의 유죄를 밝혀내는 데 사용하는 수단들을 통해 공범을 밝혀낼 수는 없는가? 공범은 보통 그의 동료가 체포되자말자 도주한다. 그의 운명의 불확실성으로 인해 그는 스스로를 추방형에 처하게 되고, 그 나라에서는 그의 후속범죄가 저질러질 위험성은 사라지게 된다. 반면 체포된 범죄자의 처벌을 통해 형벌의 유일한 목적—타인으로 하여금 두려움 때문에 유사한 범죄를 범할 수 없게 예방하자는 것—을 달성할 수 있게 된다.

17

벌금형에 대하여

한때 거의 모든 형벌이 재산형이었던 시절이 있었다. 신민들의 범죄는 곧 군주의 가산(家產)이었다.[1] 공공안전에 대한 침해는 수익의 원천이었고 공공질서를 책임진 사람들은 그 침해행위로부터 이익을 얻었다. 당시의 범죄들은 재정재판소에서 심리되었고 형벌의 목적은 국왕과 피고인 사이의 민사소송의 성격을 띠고 있었다. 다시 말해 사안은 공적인 것이 아니라 사적 다툼으로 이해되었다. 재판관은 공안보호에 필요한 것과는 다른 권한을 가지고 있었고 범죄자는 일벌백계의 필요성에서 과해지는 것과는 다른 부담이 주어졌다. 재판관은 공평무사한 진실의 추구자라기보다는 재정재판소의 자문역이었고, 법률의 보호자·집행관이라기보다는 국왕의 징세인 노릇을 했던 것이다.

이 같은 제도 하에서 범행을 자백한다는 것은 자신이 국왕에 빚지고 있는 채무자임을 자인하는 것이었고 당시의 형사절차의 초점은 바로 피고인으로부터 국고를 확보하는 것이었다. 범죄의 자백, 다시 말해 국고수입을 올리기 위해 기획된 이러한 자백은 제반 형사절차의 중심축이었으며, 본래의 원인이 사라진 뒤에도 그 효과는 잔존하듯이, 아직도 중심축이 되어 있는 실정이다.

따라서 범죄의 자백을 하지 않았다면, 의심할 여지없는 증거에 의해 유죄를 받았다 할지라도 자백한 범죄자보다는 경미한 벌을 받게 된다. 또한 자백하지 않았다면, 그는 저질렀을지도 모를 다른 범죄의 자백을 뽑아내기 위한 고문을 받지 않을 것이다. 그러나 자백을 한다면, 재판관은 범죄자의 신체의 주인으로 군림한다. 그는 숙련된 법적 절차를 통해 그를 고문하여, 그로부터 최대한의 수익을 짜내려고 한다.

일단 범죄사실이 입증되면, 자백은 그 증명에 명백한 확증을 준다. 그 증명에 의문을 남기지 않기 위해서는 단말마의 고통과 고문을 사용하게 된다. 동시에 평온하고, 별다른 생각없이, 법정 이외에서 행해진 자백, 다시 말해 고문의 압도적인 공포에 상관없이 이루어진 자백은 한 범죄자를 유죄로 하기에 충분하지 않다.

사실을 규명하는데 기여할 심리와 증거라 할지라도 국왕의 수입을 손상시킬 경우에는 배척된다. 가끔 어떤 범죄자가 고문의 고통을 면제받는 경우가 있어도 그것은 불행한 자에 대한 연민이니 약자에 대한 관용에서 비롯된 것이 아니라 오늘날은 터무니없고 생각할 수도 없는 이러한 권한, 즉 국고수입을 상실하지 않을까 하는 두려움에서 나온 것이다.

재판관은 피고인과 사슬에 묶인 자의 적이다. 그는 지하감옥과 고문과 죽음, 그리고 무엇보다 두렵게 여겨지는 불확실한 장래 등에 사로잡혀 있는 자의 적이다. 그는 사건의 진실을 추구하지 않고, 수감된 피고인으로부터 유죄를 추구한다. 그는 수감자가 자신의 범죄를 자백하도록 덫을 놓는다. 이 덫이 실패하면 그는 패배감을 느낀다. 그럴 때 그는 사람들이 재판관의 자질로 여기고 있는 무오류성에 의문을 던지지 않을까 우려한다.

한 사람을 감옥에 보내기 위해 얼마만한 증거가 필요한가를 결정하는 것은 재판관의 권한에 속한다. 어떤 사람이 무죄판결을 받기 위해서는 그는 우선 유죄의 추정을 받아야 한다. 이는 소위 공격적 기소라 불리는 것인데, 이것이 오늘날 18세기의 계명되었다는 유럽에서의 전형적인 형사절차의 실상이다. 진실한 소추, 이성이 명하는 바에 따라 사실을 공평무사하게 심리하는 사실위주의 재판은 군사법에서 채택되어 있고, 아시아적 전제주의 하에서도 단순경미한 사건에 대해서는 실행되고 있음에도 불구하고 오늘날 유럽 재판정에서는 거의 실행되고 있지 않다. 참으로 미로와 같이 복잡하고 기묘한 어리석음이여! 우리보다 행복한 시대에 살아갈 후손들이 이 같은 우리시대의 어리석음을 믿을 수 있겠는가! 단지 철학자들만이 인간의 본성에 대한 탐구를 통해 그 같은 어리석은 제도가 가능할 수 있었음을 읽어낼 것이다.

18

선　　서

피고인에게 요구되는 선서는 법률과 자연적 인간감정 사이의 모순을 보여준다. 선서는 피고인에게 허위진술이 자신의 이익이 됨에도 불구하고 진실을 말할 것을 명하는 것이다. 마치 한 사람에게 자신을 파멸시킬 것을 맹세하는 셈이며, 자기이익대로 말할 때는 종교가 가만두지 않은 것처럼 말이다.[1] 그러나 인간은 다른 어떤 것보다 이 귀중한 천상의 선물인 종교를 남용해 왔음을 모든 시대의 경험이 보여주는 바이다. 가장 현명하다고 인정된 자들도 때때로 종교를 조롱하는데, 하물며 악당들이 종교를 존중할 까닭이 있겠는가? 공포의 절규와 생에 대한 애착에 맞서 종교가 제공하는 동기는 보통 사람들의 감각에 어떤 인상을 남기기에는 너무 동떨어져 있어 매우 무력하다.

천상의 일은 인간사와는 전혀 다른 법에 의해 지배된다. 왜 이 둘을 서로 절충시키려 드는가? 선서를 어기면 신을 모독하게 되고, 선서대로 하면 자신의 파멸로 이끌게 된다. 왜 한 인간을 진퇴양난의 택일을 강요하도록 하는가? 선서를 명하는 법률은 한 사람을 (허위진술을 할 경우) 악한 기독교인이 되든지 아니면 (진실을 말함으로써) 순교자가 될 것을 요구한다. 또한 점차로 선서는 하나의 의례적 형식으로 변질되고 있다. 그럼으로써 대다수 인간들의 정직성의 유일한 보장책인 종교 감정의 힘을 파괴시킨다. 선서가 얼마나 쓸모없는 것인지는 경험을 통해 알 수 있다. 선서 때문에 진실을 말하게 되는 범죄자는 없다는 점은 어떤 재판관도 증언할 수 있을 것이다. 이성적인 견지에서도 선서는 쓸모없는 것이다. 인간의 자연적 감정에 위배되는 일체의 법률은 무용한데다 위험하기까지 하다. 그러한 법률은 강의 본류와 맞부딪치는 제방과 같은 운명을 맞을 것이다. 이 제방은 파괴되어 즉각 휩쓸려 버리든지, 아니면 조금씩 침식되어 훼손되어 가든지 할 지경에 놓여 있는 것이다.

19

형벌의 신속성

범죄가 발생한 후 곧바로 신속한 처벌이 이루어질수록, 그 처벌은 더욱 정당하고 유용하다. 왜 더 정당하다고 하는가? 범죄자로부터 불확실성이라는 무용하고 잔혹한 고통을 덜어 주기 때문이다. 불확실성의 고통은 범죄자의 상상력의 강도 및 개인적 무력감에 비례하여 커질 것이다. 신속한 처벌이 보다 정당한 것은, 자유박탈 그 자체가 일종의 형벌인 까닭에, 형의 선고가 있기 전에는 필요 최소한의 정도 이상으로 자유박탈의 고통을 받아서는 안 된다. 미결구금은 피고인이 유죄 확정될 때까지만 신병을 확보하기 위한 수단이다. 이러한 구금 그 자체는 본질적으로 형벌적 성격을 갖고 있으며,

따라서 그 기간은 가능한 최소한이어야 하며, 가능한 한 관대한 처우를 받아야 한다. 미결구금의 기간은 재판에 필요한 기간에 국한되어야 하며, 오래 구금된 자부터 우선적으로 재판받을 수 있어야 한다. 구금은 도주를 방지하거나 증거인멸을 방지하기 위해 필요한 정도를 넘어서는 안 된다. 재판은 가능한 최단 시일 내에 종결되어져야 한다. 재판관의 나태함 대 피고인의 고통스러운 초조함, 무심한 재판관의 편안과 쾌락 대 수감자의 눈물과 누추한 환경 — 이보다 더 잔혹한 대비가 있을 수 있겠는가? 일반적으로 형벌의 부담과 범죄의 결과는 일반인에게는 가능한 효과적이어야 하되, 수형자에게는 가능한 관대한 것이 아니면 안 된다. 이 명제가 근본원칙으로 통용되지 않는 사회가 있다면 그 사회를 정당하다고 부를 수 없다. 사회를 결합할 때 사람들은 가능한 최소의 해악만을 자신이 부담하기로 약정했기 때문이다.

앞서 말했듯이, 신속한 처벌은 훨씬 유용하다. 범죄와 형벌 사이의 시간적 간격이 적으면 적을수록 사람들의 마음속에는 "범죄와 형벌"이라는 두 관념 사이의 연상이 더 강력하고 지속적으로 될 것이기 때문이다. 그렇게 되면 범죄가 원인이고, 형벌은 범죄의 불가피하고 필연적인 결과로 지각될 것이다.

관념의 연합(association of ideas)[1]이 인간지성의 전체 구조를 형성하는 접착제임은 이미 논증된 바 있다. 그것이 없다면 쾌락과 고통은 아무런 영향을 주지 않는 별개의 감정에 머무르게 될 뿐이다. 일반적 관념과 보편적 원리와 상관없이 움직이는 사람일수록, 다시 말해 속물적 인간일수록, 눈앞의 익숙한 관념의 연상에 따라 행동하며, 보다 소원(疏遠)하고 복잡한 연상을 무시하곤 한다. 그러한 소원하고 복잡한 관념의 연상은 오직 단일대상에 정열적으로 몰입하는 소수인의 마음속에서만 유효한 것이다. 그들의 집중력은 오직 한 대상에 대해서만 빛나며, 여타의 것을 암흑 속에 내버려둔다. 물론 이해력이 매우 높은 사람들도 소원하고 복잡한 관념의 연상을 할 수 있다. 그들은 많은 대상을 신속하게 탐구하여 비교하는 가운데 결론을 내리는 습관을 체득하고 있으며, 그들의 결과적 행동은 훨씬 위험성과 불확실성이 적다.

따라서 형벌이 범죄에 곧바로 뒤따른다는 것은 매우 중요하다. 거칠고 교양없는 사람들이 범죄로부터 얻을 특별한 이익에 유혹되는 경우, 곧바로 그 범죄에는 형벌이 뒤따른다는 생각을 즉각 일깨워줄 수 있어야 한다. 형벌을 지체하게 되면 범죄와 형벌의 두 관념이 분리된다. 그럴 경우 범죄에 대한 처벌은 분명히 어떤 인상을 남기겠지만, 그것은 형벌로서보다는 하나의 구경거리로서의 인상일 것이다. 문제의 범죄에 대한 공포심은 이후 닥쳐올 형벌의 관념을 강화시키는데 기여할 수 있는데, 범죄에 대한 공포심을 반쯤 잊어버린 상태에서 행해지는 처벌은 구경꾼의 마음에 하나의 무시무시한 타격으로만 느껴질 것이다.

범죄관념과 형벌관념 사이의 긴밀한 연관을 강화할 수 있는 또 다른 방법이 있다. 즉 범죄의 성질에 가능한 유사한 형벌을 정하는 것이다. 그렇게 되면 범죄의 유인과 형벌의 응징 사이의 대비가 매우 용이해진다. 그리하여 형벌은 법을 위반하려는 유혹적인 생각이 이끌려고 하는 바와 전혀 다른 목표를 향하여 인간정신을 억제시키고 인도하는 것이다.

20

폭 력 범

어떤 범죄는 사람에 관련된 공격이며, 어떤 범죄는 재산에 대한 침해이다. 전자에 대하여는 예외없이 신체형[1]이 과해지지 않으면 안 된다. 부호와 권세가들이 약자와 빈민을 공격했을 경우 금전으로 대가를 치르게 해서는 안 된다. 그렇지 않으면 재산 — 법의 보호 하에 이룩한 근면의 대가 — 이 전제주의의 자양분이 된다. 법이 이를 허용할 때는 어떠한 자유도 존립할 수 없다. 인간이 인격체가 아니라 하나의 물건으로 되어버리기 때문이다.[2] 그렇게 되면 모든 권세가들이 다양한 시민사회의 결합으로부터 자신에게 가장 유리한 것은 무엇이든 뽑아내기 위해 온갖 노력을 다할 것이다.

이것은 실로 보통시민들을 가축으로 바꾸는 비밀이다. 다소 무모하고 힘없는 자들의 활동을 속박하는 사슬을 강자의 손아귀에 쥐어주는 것과 같다. 심지어 자유를 보장하는 듯이 보이는 정부에서도 압제는 소멸된 것이 아니라 잠시 모습을 숨기고 있을 뿐이다. 압제는 입법자의 눈에 잘 띄지 않은 구석에 자리잡고 있다가 보이지 않은 가운데 세를 얻게 된다. 대체로 인류는 노골적인 압제의 폭력에 대하여는 확고하게 맞선다. 그러나 제방을 서서히 갉아먹는 작은 벌레는 지각하지 못함으로써, 보이지 않은 가운데 더욱 확실하게 격류의 침입에 길을 열어버리게 된다.

21

귀족에 대한 처벌

귀족의 특권은 각국의 법에서 커다란 부분을 점하고 있다. 그러면 귀족의 범죄에 대해서는 어떠한 형이 적용되어야 하는가?

여기서 귀족과 평민간의 세습적 구분이 어떤 정부에나 유용한가, 혹은 어떤 군주정에서 필요불가결한가 하는 점을 검토하지는 않겠다. 귀족이 국왕과 평민이라는 양극단의 두 계급의 권력남용을 제어하는 중간세력을 구성한다는 것이 사실인가, 아니면 귀족은 실제로 특별한 한 계급이 아니라 귀족 자신과 여타 계급의 노예로써, 아라비아의 사막 가운데 자리 잡고 있는 풍요한 오아시스 같이, 근면에 대한 평판과 희망을 극히 협소한 범위 내에 한정시키는 계급을 말하는 것인가?[1] 사회에서 불평등이 불가피하고 또 유용하다고 하더라도, 개인적 능력과 공적에 따른 불평등이 아니라 계급 간의 불평등을 유지시키는 것이 과연 바람직한 것인가? 그러한 불평등을 국가의 모든 부문에 순환시키지 않고 한 구역에 한정시키는 것이 타당한가, 그러한 불평등을 끊임없이 파괴 · 갱신하지 않고 그대로 영속시키는 것은 타당한가?

이상의 문제 역시 여기서는 검토하지 않기로 한다. 다만 여기서는 귀족에게 어떠한 형이 적용되어야 할 것인가 하는 점만 고찰하기로 한다. 나의 주장은 최상급의 시민 — 귀족 — 은 최하급의 시민과 동등하게 처벌받아야 한다는 것이다.

명예나 부에 따른 모든 구별을 정당화하기 위해서는, 법에 의거한 인간의 원초적인 평등을 먼저 상정해야 한다. 법은 모든 인간들에게 똑같이 자신에게 복종할 것을 요구한다. 개개인은 자연 상태에서의 전제주의적 경향을 포기하면서 다음과 같이 말한 것으로 추론될 수 있다. 즉 "인간은 근면할수록 더 큰 명예를 얻으며 그 명예는 자손들에게 상속된다. 보다 축복받고 명예로운 자는 타인보다 더 큰 것을 희망할 수 있어야 하지만, 그를 타인보다 상위에 서게 한 그 계약을 위반하는 데 대한 공포감을 타인과 똑같이 느끼도록 해야 한다."[2]

물론 그러한 법령이 세계의 어떤 의회에서도 공포된 바

없음이 사실이다. 하지만 그러한 법령은 명백히 사물의 불변적 관계 속에 존재한다. 그것은 귀족에 속해 있다고 주장되는 바의 특권을 침해하자는 것이 아니라 그 특권의 부작용을 예방하자는 것이다. 형벌을 회피할 수 있는 모든 길을 차단함으로써, 법을 존중하도록 하자는 것이다.

다음과 같은 반론도 제기될 수 있다. 즉 귀족과 평민에게 동등한 형을 과한다 하더라도 그 효과가 실제로 같을 수는 없다. 교육의 차이가 있으며 이름있는 가문일수록 형벌의 수치심은 더욱 널리 퍼질 것이기 때문이라는 이유로 말이다. 그에 대해 나의 답변은 이렇다. 형벌은 범죄에 의해 사회에 야기된 손해에 의해 양정(量定)되어야지 범죄자의 감수성에 비례하여 내려져서는 안 된다. 범죄의 공적 피해는 범죄자의 신분이 높을수록 더욱 커진다. 형벌이 각 개인에게 미치는 효과는 다양하기 때문에 형벌상의 평등이란 단지 외재적일 수밖에 없다. 또한 그 가문이 입는 수치심은 군주가 범죄자 이외의 다른 가족성원들을 위한 온정(溫情)의 공적 확인을 행함으로써 완화될 수 있다.[3] 쉽게 믿고 감탄하는 경향이 있는 대중들에게는 이성보다 그러한 공적 형식이 언제나 더욱 큰 영향을 발휘하리라는 점을 누가 알지 못하겠는가?

22

절 도

폭력을 수반하지 않는 절도죄에 대해서는 재산형이 과해져야 한다. 타인의 재산을 가로채 자기의 재산을 늘리고자 하는 자는 그 자신의 소유물을 박탈당하지 않으면 안 된다. 하지만 이러한 범죄는 통상 빈곤과 절망의 소산이고, 불행한 부류의 인간의 범죄이다. 겨우 먹고살 정도밖에 남은 게 없는 인간들에게 배타적 소유권이란 무시무시하고 불필요한 권리일 뿐이다.[1] 더욱이 재산형은 빈민의 수를 늘림으로써 절도범의 수를 늘릴 수 있으며, 범인의 무고한 가족의 생계를 박탈한다. 그러기에 가장 합당한 형벌은 노역형(노예형)을 과하는 것이다. 노역형은 범죄자의 인신 및 노동을 일정기간

사회에 예속시키는 것이다. 그 완전한 예종의 기간 동안 그는 타인의 재산에 대한 부당한 횡포, 즉 사회계약의 위반에 대해 배상할 수 있을 것이다.

하지만 폭력을 수반한 강도죄에 대해서는 위의 노역형에다 신체형을 더하지 않으면 안 된다.[2] 이미 다른 저자들이 논증했듯이 폭력을 수반한 강도와 술수에 의한 절도에 대한 형벌을 구분하지 않음으로써 커다란 폐해가 생겨난다. 그러한 혼동은 인간의 신체·생명을 한줌의 돈뭉치와 동일시하는 터무니없는 오류를 범하는 것이다.[3] 이러한 사항은 많은 논자들에 의해 지적되었지만 여지껏 실행된 적이 거의 없기에, 이를 반복한다고 해서 결코 지나친 일은 아니리라. 정치기구는 다른 어떤 것보다도 자신에게 주어진 처음의 인상을 오래 보존하며, 새로운 자극을 수용하는데 인색하다. 절도와 강도 사이에는 어떤 유사점도 찾아볼 수 없다. 두 개의 이질적인 질량 사이에 무한대의 무한한 수가 있다는 공리는 수학에 있어서 못지않게 정치의 영역에 있어서도 타당하다.

23

명예훼손

명예를 손상시키는 개인적 침해행위, 다시 말해 한 시민이 타인으로부터 기대할 수 있는 적정한 사회적 평판을 해치는 행위는 명예훼손죄(infamia)로 처벌받아야 한다. 명예훼손죄는 대중의 불승인의 표지이다. 그것은 범죄자로부터 사회적 존중심을 박탈하는 것이며, 그의 조국의 신뢰와 사회와의 유대에 기반한 우애심을 박탈한다. 불명예란 언제나 법률의 권능에 속한 것은 아니다. 법으로부터 과해지는 불명예는 사물의 관계로부터 생겨나는 자연적인 불명예와 일치해야 할 필요가 있다. 다시 말해 보편적 도덕률에서 도출되는 것과 일치해야 한다는 것이다. 혹은 특정한 나라에서 공통적 의견을 반영하고 있는 특수한 도덕과 일치해야 할 것이다. 만약 법적인 불명예가 보편적 혹은 특수한 도덕과 상반된다면, 법률이 대중의 존경을 상실하든가 아니면 기존의 도덕 및 성실의 관념이 결국은 사라지게 될 것이다. 그 경우에는 아무리 기존의 도덕을 강변하더라도 결국은 생생한 사례의 힘을 이겨내지 못할 것이기 때문이다.

그 자체 도덕적으로 무관한 어떤 행위를 불명예스러운 행위라 선언하는 자는 진실로 수치스러운 행위에 대한 불명예를 상대적으로 약화시키는 결과를 초래한다. 명예형은 너무 빈번히 과해져서는 안 된다. 여론의 힘의 효과를 반복하게 되면 여론의 위력 자체가 약화될 것이기 때문이다. 또한 명예형은 한꺼번에 너무 많은 사람을 대상으로 해서도 안 된다. 많은 사람들에게 불명예가 과해지면 결국 누구에게도 불명예를 과하지 않은 것과 마찬가지의 효과를 가져온다.

고통스러운 신체형은 광신도들에게 적용되어서는 안 된다. 왜냐하면 자존심에 근거한 그러한 광신적 범죄의 경우 고통 그 자체로부터 영광과 자양을 얻는 까닭이다. 광신도의 자존심에 제동을 걸기 위해서는 구경꾼의 자존심을 이용하는 형벌, 즉 대중의 조소와 모욕이 가장 합당하다. 실로 조소와 모욕이라는 제재는 진리 그 자체도 거의 이겨낼 수 없을 정도의 위력을 갖고 있다. 그에 맞서 진실이 승리하려면 지속적이고 불굴의 노력이 뒤따라야 할 정도이다.

현명한 입법자는 힘에는 힘으로, 의견에는 의견을 대응시켜 허위의 원리에 사로잡힌 대중의 찬미와 경악을 넘어설 수 있게 한다. 허위의 원리는 그로부터 도출된 결과를 통해 그 본래의 어리석음을 대중들로부터 은폐하는 경향이 있다.

이것이 사물의 가변적 관계와 불변적 본성을 혼동하지 않는 방법이다. 사물의 본성은 시간적 제약을 받지 않고 영속적으로 작동하며, 그에 배치되는 일체의 한정된 규제를 뒤집어버리고 파괴한다. 자연의 충실한 모방을 보편적 원칙으로 삼는 것은 취미와 쾌락의 종류에 국한된 것은 아니다. 진실하고 영속적인 정치라면 그것은 이러한 보편적 규범을 따르게 된다. 왜냐하면 정치란 인간의 불변적 감정을 조화시키고 더 잘 인도하는 기술에 다름 아닌 까닭이다.

24

무위도식에 대하여

공안을 해하는 자, 법률—인간이 서로를 지원하고 방위하는 조건—에 복종하지 않는 자는 사회로부터 배제되어야 한다. 즉 그는 추방당해야 한다. 노동과 산업의 가운데 자리 잡고 있는 현명한 정부는 무위도식을 허용하지 않기 때문이다.

완고한 도덕군자들은 이러한 사회에 유해한 무위도식을 근로를 통해 모은 재산을 갖고 누리는 여가와 혼동해왔다. 사실 후자는 사회가 발전하고 행정이 집권화되는 데 따라 필요하고도 유용한 것이다. 따라서 사회적 무위도식이라 함은 노동 혹은 재산 중 어느 방법을 통해서도 사회에 아무런 기여도 하지 못하는 나태함, 달리 말해 아무런 대가를 치르지 않고 얻는 종류의 무위를 말한다. 그러한 나태와 무위로 살아가는 인간에 대해 천박한 대중들은 어리석은 선망을 갖고 우러러 보지만, 현명한 자라면 경멸감으로 대한다. 살아 있는 인간에게 자극제가 되는, 생활 필요물을 보존하고 증진시킬 필요를 갖지 못함으로써, 그들은 강력한 여론의 격정에 자신의 모든 정력을 내맡기게 한다.[1] 자기 조상들의 덕이나 악덕의 과실을 향수하는 자, 근로빈민에게 빵과 생활필수품을 제공하고 그것과 교환하여 현재적 쾌락을 누리는 자는 사회적 의미에서 나태하다고 볼 수는 없다. 그는 불확실하고 피비린내 나는 전쟁을 수행하기 위해 폭력을 자행하는 대신 조용한 산업의 전쟁을 수행하기 위해 자신의 부를 사용하는 것이다.[2] 어떤 종류의 나태함을 처벌할 것인가를 법제화할 것인가 하는 점은 소수의 풍속검찰관의 완고하고 속 좁은 도덕관념에 의해서가 아니라 법률에 의하여 규정되어야 하는 것이다.

추방형이 과해져야 할 자는 다음과 같다. 즉 흉악한 범죄로 고발된 자 중에서 범행의 개연성은 있으나 확실한 증거는 없는 피의자에 대하여는 추방형을 과하는 것이 가장 합당한 것으로 생각된다. 하지만 이런 경우에서도 법률은 필요하다. 그 법률은 가능한 자의성의 여지가 없고 정확할 것이 요구된다. 피의자를 방치함으로써 공포감을 갖고 살아가야 하든가 아니면 확증도 없는 상태인데 그를 처벌하는 부정의를 저지르든가의 양자택일할 수밖에 없는 상황에 있는 경우에, 그 피의자에 대하여 추방형을 과하게 된다. 물론 이 경우에도 법은 피의자에게 자신의 무죄를 증명할 신성한 권리를 인정해야 한다. 그 증거는 외국인보다는 자국민의 경우에 훨씬 납득할 수 있는 것이어야 할 것이며, 상습범보다는 초범의 경우에 훨씬 납득할 수 있는 것이어야 할 것이다.

25

추방 및 재산몰수형

그러나 추방형에 처해져서 자신이 속해 있던 사회로부터 영구히 배제된 자는 자신의 재산까지 박탈당해야 하는 것인가? 이 문제는 여러 각도에서 검토될 수 있다. 재산의 상실은 추방보다 훨씬 중대한 형벌이다. 따라서 범죄의 종류에 따라 범죄자의 재산의 전부를 몰수해야 할 경우도 있을 것이며, 재산의 일부를 몰수할 경우도 있고, 몰수를 해서는 안 되는 경우도 있을 것이다. 법률로 규정된 추방형이 해당 범죄자와 사회와의 일체의 관계를 단절하는 취지일 때에는 전 재산을 몰수하는 것이 마땅할 것이다. 그 경우에 범죄를 저지른 시민은 육체적 생명을 부지하지만 시민으로서의 자격은 소멸된다. 즉, 국가와의 관계에서 볼 때 그는 자연사(自然死)한 것과 마찬가지다. 따라서 범죄자의 전 재산은 군주의 손에 넘어가지 않고 범죄자의 합법적인 상속인에게 귀속되어야 한다. 국가의 눈으로 볼 때 그 같은 추방형은 사망과 마찬가지로 간주되기 때문이다.[1]

그러나 내가 재산몰수형을 불가하다고 하는 것은 이런 치밀한 논리에 의거해서가 아니다. 몰수가 사적 복수나 개인적 권력남용에 대한 견제책일 수 있다고 주장하는 논자들이 있다면, 그들은 형벌을 통해 유용한 결과를 낳을지라도 그러한 형벌이 반드시 정당하다고는 할 수 없다는 점을 생각하지 않은 것이다. 형벌이 정당하기 위해서는 그 형벌은 필요한 것이어야 한다. 압제에 이르는 모든 문호를 봉쇄하기를 원하는 입법자에게는 이러한 유익하지만 부정당한 제도는 용납될 수 없는 것이다.[2] 압제자들은 일시적인 유용한 결과를 들어, 그리고 소수 귀족의 행복을 들어 사람들을 기만한다. 그들은 장차 닥쳐올 파멸이나 불특정한 다수 대중의 눈물에 아랑곳하지 않는다. 현실적으로 볼 때 몰수형은 약자의 목에 현상금을 거는 것이고 결백한 자에게 범인이 받아야 할 형벌을 과하는 것이다. 게다가 죄없는 자들 자신들을 필연적으로 범죄를 저지르지 않을 수 없는 절망적 상황 속에 빠뜨린다. 가장의 범죄로 인해 굴욕과 궁핍에 빠진 한 가족보다 더 비참한 정경이 있을까? 더구나 가족이 가장권에 복종하도록 되어 있는 법령에 따르면, 가족성원들은 가장의 범죄를 예방할 방법이 있다 해도 가장의 범행을 저지할 수 없도록 하고 있는데도 말이다.

26

가족의 정신

이제까지 서술된 개탄스러운, 하지만 공공연한 부정(不正)은 가장 계몽된 인간들에 의해서도 승인되어 왔고, 또 가장 자유로운 공화국에서도 널리 시행되고 있다.[1] 그것은 사회를 개인들의 결사체가 아니라 가족들의 결사체로 간주하는데 기인한 것이다.[2]

한 사회에 10만 명의 인간들이 있다고 하자. 혹은 가장을 포함한 5명으로 구성된 가족이 2만 단위가 있다고 하자. 만약 그 사회가 인간들로 이루어져 있다면, 거기에는 10만의 시민이 있고 노예는 한 명도 없다. 그러나 그 사회가 가족으로 구성된 결사체인 경우라면 그 사회에는 2만의 시민과

8만의 노예가 존재하는 셈이다. 이 경우에는 하나의 공화국이라 하여도 그 구성원은 2만의 소군주이다. 하지만 모두가 시민인 전자의 경우에는 공화제적 정신이 공공의 광장 및 집회에서는 물론, 개별 가정의 담 안에서도 살아 숨쉬게 된다.

한 인간의 행복과 불행의 많은 부분은 그 가정에 달려있다. 그 나라의 법률과 관습은 그 나라 성원들의 일상적 정서로부터 생겨나는 것인데, 가장들로 이루어진 공화국에서는 군주제적 기풍이 공화국 내에 점차 삼투하게 된다. 만일 이 같은 군주제적 기풍이 때로 억제되어진다면, 그것은 각 가장들의 이익의 대립에 의해서일 뿐이지, 자유와 평등을 호흡하는 기풍 때문에 그런 것은 아니다.

가족정신은 사소한 사실들에 얽매인 특수성의 정신이다. 반면 공화국을 규율하는 정신은 일반원리의 지배를 말한다. 즉 핵심적 사실을 인지하고, 그것을 다수의 복지를 위하여 중요한 범주로 사실들을 결합시키는 것이다.

가족을 구성단위로 하는 국가에서는 자녀들은 가장의 전횡 하에 놓여 있다. 그 가장이 사망한 다음에야 비로소 그 자녀들은 법률에 복종하기만 하면 되는 생활을 영위할 수 있다. 젊은 시절에는 오랜 연륜으로부터 생겨나는 소심함 — 이는 “중용”으로 종종 미화된다 — 과 같은 감정의 영향을 덜 받는 시기이다. 반면 노년시절에는 정력적인 개선을 시도하더라도 그 성과를 생전에 볼 수 없을 거라는 절망감 때문에 어떤 개선의 노력을 포기해버리게 된다. 연부역강(年富力强)한 청년시절에 이미 복종과 두려움에 익숙해져버리게 된다면, 노년이 되어 언제나 가치 있는 일 앞에 가로놓여 있기 마련인 악덕이라는 장애물에 감히 누가 맞설 수 있겠는가.

반면 공화국이 인간들로 구성될 경우에 가족 내의 복종은 강제적 권위의 소산이 아니라 계약의 산물이다. 아직 육체적으로 연약하고 교육과 보호를 받아야 하는 자녀의 경우 부모에 복종하는 것은 자연스러운 것이다. 그러나 자녀들이 성숙하게 되면 그들은 공화국의 자유로운 성원이 된다. 이 경우 자녀가 가장에 복종하는 일이 있어도, 이는 가정의 이익에 동참하기 위해 그런 것일 뿐이다. 자유시민이 일반 사회의 규율에 복종할 때 사회의 이익을 향유하기 위해 동참하는 것과 마찬가지다.

가족이 구성단위가 된 공화국에서 자녀들—그 국가에서 가장 숫자가 많고 유용한 인원들—은 그 가장의 자의적인 통제 하에 놓여 있다. 반면 개인으로 이루어진 공화국에서, 유일한 구속력 있는 명령은 상호 필요한 부조를 해야 한다는 신성불가침의 의무이며, 나아가 자신이 받은 혜택에 대해 감사를 표할 의무뿐이다. 이러한 의무에의 결속감이 종종 파기되는 것은 인간심성의 사악성 때문이라고 하지만, 그보다

는 법령이 오도된 복종을 맹목적으로 강제하기 때문이라고 보는 편이 더 합당할 것이다.[3]

가족법과 공화국의 근본법 사이의 이같은 모순은 가정도덕과 공중도덕 사이에 혼재하는 모순의 원천이 된다. 두 도덕 간의 모순은 모든 사람들의 마음속에 항구적인 갈등을 일으킨다. 권위주의적인 가족법은 예속과 공포를 야기시키지만, 공화국의 근본법은 용기와 자유를 고취시킨다. 전자는 소수의 사람들에게 특전을 한정시킨다. 거기에는 어떤 자발적 선택도 없다. 후자는 전 계층의 사람들에게 혜택을 향유할 것을 요구한다. 전자는 "가정의 복지"라 불리우는 일종의 공허한 우상에 항구적으로 자신을 희생시킬 것을 명한다. "가정의 복지"라고 하지만 실제로는 그 구성원 중 누구의 이익도 아닌 경우가 적지 않다. 다른 한편 후자는 법률에 위배되지 않는 범위 내에서 각자의 이익을 추구하도록 가르친다. 그리고 애국적인 자기희생을 필요로 하는 경우에도 그 행위에 앞서 열광적인 예찬을 통해 그 희생에 보답하는 것이다.

가정의 법과 공화국의 근본법 사이의 갈등으로 인해 사람들은 덕성을 애써 추구하는 것을 경멸하게 된다. 사람들은 덕성이란 게 일관성도 없이 혼돈스러우며 멀리 떨어져 있는 물체처럼 흐릿한 것으로 생각한다. 자신의 지나간 일을 돌이켜 볼 때, 사람들은 자신이 정직하지 못했음에 당혹스러운 경우가 얼마나 많은가?

한 사회의 인구가 늘어날수록, 각 개인이 전체에서 차지하는 비중이 점점 줄어들게 된다. 이런 경우 법률이 공화국의 기풍을 강화하려는 특별한 배려를 하지 않는 한, 공화제적 기풍도 약화될 것이다. 인간의 신체와 마찬가지로, 사회도 그 외적 한계를 갖고 있다. 그 한계를 넘어 팽창할 때에는, 경제적 혼란이 필연적으로 뒤따르게 된다.

한 국가의 규모는 그 성원들의 애국적 감수성 및 활동성과 반비례관계에 있는 것처럼 보인다. 그렇지 않고 인구의 수와 그 활동성이 같은 비율로 늘어난다면, 사람들이 만들어내는 효용도 그만큼 늘어날 것이며, 아무리 좋은 법이라도 그 늘어난 효용으로부터 생겨날 범죄를 방지하기가 어려워질 것이다.[4] 지나치게 방대한 국가는 오직 그 자체를 여러 개로 분할한 다음 이를 공화국의 연방으로 재결합하는 경우에만 전제주의의 경향으로부터 벗어날 수 있다. 그러나 어떻게 이러한 일이 실현될 수 있는 것일까? 로마의 술라만큼의 용기를 지닌 전제적 독재자가 로마 공화정의 파괴를 위해 술라가 썼던 그 정도의 재능을 새로운 건설을 위해 쓸 수 있는 경우에 비로소 가능할 것이다.[5] 그가 야심을 갖고 있다면, 모든 시대의 영광이 그를 기다리고 있을 것이다. 그가 철학가라면 이웃 시민들의 축복이 그가 잃은 권력의 상실을 위로하고도 남음이 있을 것이다. 물론 일부 시민들이 보여줄

배은망덕한 태도에 속상할 수도 있겠지만 말이다.

한 나라를 결합시키는 애국심이 약화되는 만큼 가까이에 있는 대상에 대한 애착은 강화된다. 가장 엄혹한 전제정 하에서 가장 강력한 힘을 발휘하는 것은 우정이며, 가장 보편적인 (혹은 존재하는 유일의) 덕성은 평범한 가정의 덕성이다. 이 모든 것에 비추어 볼 때 대부분의 입법가가 얼마나 협소한 관점을 갖고 있었던가 하는 점이 여기서 명백해지는 것이다.

27

형벌의 관대성에 대하여

잠시 사고의 궤도를 이탈한 셈인데, 다시 본 주제로 돌아가 보자. 범죄를 예방하는 가장 효과적인 방법은 형벌의 잔혹성이 아니라 형벌의 확실성에 있다. 따라서 치안관은 방심하지 않고 경계해야 하며, 재판관은 냉정한 엄격성을 지녀야 한다. 하지만 이러한 태도가 유익하고 가치있는 덕성으로 인정되려면 관대한 입법으로 뒷받침되지 않으면 안 된다.

형벌은 비록 온건하더라도 확실하기만 하면 형면제의 희망이라는 요행수와 결부된 무시무시한 처벌의 공포감보다 훨씬 더 큰 인상을 심어줄 것이 틀림없다. 처벌이 확실할 때는 최소한의 해악도 사람들의 마음을 떨게 할 수 있다.

반면 요행히 처벌되지 않겠지 하는 희망 — 때로 우리 맘을 가득 채우는 이 천상의 선물 — 은 더 혹독한 처벌에 대한 공포감으로부터 벗어나게 해준다. 특히 나약하면서도 탐욕스런 재판관들이 베푸는 형면제의 실례를 빈번하게 대하게 되면 이러한 희망은 더욱 강화된다.

형벌이 잔혹해질수록 범죄자는 그 처벌을 피하기 위해 위험을 무릅쓰게 된다. 잔혹한 형벌 그 자체가 범죄자를 더욱 대담하게 만든다. 형벌을 통해 그가 받을 해악이 너무나 크기 때문에, 그는 한 범행에 대한 처벌을 피하려는 일념에서 여러 후속범죄를 저지를 수 있다. 잔혹한 처벌로 악명 높았던 나라와 시대에는 언제나 가장 피비린내 나는 비정한 범죄가 저질러졌다. 입법자의 손을 이끌었던 잔혹성의 기풍은 존속살해자와 정치적 암살자의 손길을 사로잡았던 것이다. 잔혹성의 기풍이 지배하는 곳에서는 폭군은 왕좌에 앉아 야만인과 노예들을 복속시키기 위해 철의 규율을 강행하고, 그게 반발한 신민들은 그 폭군을 암살하지만, 이는 새로운 압제자를 불러들이는 데 지나지 않는 것이었다.[1]

형벌이 잔혹해질수록, 그에 비례하여 인간의 마음은 완강하고 무감각해지게 된다. 액체가 그것을 둘러싸고 있는 물체와 같은 높이에 도달하려는 것과 마찬가지다. 욕망과 감정의 생생한 힘도 어쩔 수 없다. 수레바퀴에 높이 매달아 죽이는 거형(車刑)[2]이 아무리 잔혹한 형이더라도 한 세기 이상 시행된 이후에는 이전에 감옥형이 만들어낸 것 이상의 공포감을 안겨줄 수 없게 된다. 한 형벌이 그 목적을 달성하기 위해 필요한 것은 범죄자가 형벌을 통해 받은 해악이 범죄로부터 얻는 이익을 넘어서는 정도로 충분하다.[3] 이 손익산정에 있어서는 형벌의 확실성 및 범죄로부터 생겨났을지 모르는 재화의 상실 부분을 포함시키지 않으면 안 된다.[4] 그 정도를 넘어선 모든 처벌은 불필요한 것이고, 그 때문에 폭압적인 것이다. 인간의 행동을 규제하는 것은 자신이 알지 못하는 고통에 의해서가 아니라, 그가 알고 있는 고통을 반복체험함을 통해서이다.

여기서 다음 두 나라를 가정해보자. 두 나라 모두 범죄의 등급에 비례하여 형벌의 등급을 설정하고 있다. 일국에서 가장 중한 극형은 종신노역형이고, 타국은 수레바퀴를 통해 사람을 으깨는 거형(車刑)을 극형으로 하고 있다. 내 주장은 일국의 극형은 타국의 극형과 같은 정도의 공포심을 불러일으킬 것이라는 것이다.[5] 만일 어떤 이유로든, 일국이 타국의 극형인 거형을 도입하고자 한다면, 같은 이유는 타국이 거형보다 더한 형을 제정하여 형을 더욱 인상하는 논리로도 쓰여질 수 있을 것이다. 이렇게 되면 거형보다 훨씬 더 시간을 끌고 보다 의도적인 고통의 방법으로 치달아, 마침내는 폭군들이 너무나 잘 알고 구사하는 잔혹성의 과학을 극한에까지 추구하게 된다.

형벌의 잔혹성은 그 밖에 다른 두 가지 유해한 결과 — 범죄예방이라는 형벌의 목적과 상반되는 결과 — 를 초래한다.

첫째, 범죄와 형벌 간에 적정한 균형을 유지하기 곤란해진다는 점이다. 왜냐하면 아무리 열심히 잔혹성의 종류를 높여가려 해도, 그것이 적용될 인체의 기관과 감각으로 견뎌낼 수 있는 한도를 넘어설 수는 없기 때문이다. 일단 이러한 한도에 이르게 되면, 그보다 훨씬 유해하고 흉포한 범죄가 생겼을 경우에도 그보다 잔혹한 형을 고안하는 것은 불가능하게 된다.

둘째, 극단적으로 잔혹한 형벌은 때로는 형면제의 효과를 만들어내기도 한다. 인간능력에는 한계가 있다. 이는 선한 일에서 뿐 아니라 악한 일에서도 마찬가지다. 사람들에게 너무나 잔혹한 처형의 볼거리는 일시적인 격정의 표현일 수는 있어도 법적 당위에 부합하는 항구적인 제도의 일부가 될 수는 없다. 진정 잔혹한 법은 바뀌어져야 한다. 그렇지 않으면 그 법 자체가 불벌(형면제)을 때로 조장하게 될 것이다.

역사책을 들여다보자. 거기서 현명하다는 자들이 고안하여 냉혈적으로 집행해온 고문들, 야만적이고 쓸모없이 부과된 고통들을 대할 때 전율하지 않을 사람이 있을까? 수많은 비참한 사람들이 원초적인 자연상태로까지 절망적으로 회귀되는 것을 보고도 존재의 깊이로부터 떨지 않을 자가 있을까? 법은 늘상 소수의 특권층을 편애하고 다수 대중을 학대해왔고, 이 같은 비참한 상태를 기도하거나 조장해왔다. 무지와 미신의 조합으로 조작해낸 존재 불가능한 범죄로 소추된 자는 또 어떠한가? 혹은 자신의 원칙에 충실했다는 이유만으로 처벌받는 자들은 또 어떤가? 인간들이 그와 똑같은 감각과 같은 욕망을 타고난 인간들에게 치밀한 의식과 질질 끄는 고문을 과하면서, 광신적인 군중들에게 즐거운 구경꺼리로 던져주는 장면을 보고 어떻게 전율하지 않겠는가?

28

사 형

여태껏 살펴보았듯이 형벌의 쓸모없는 남용은 결코 인간을 개선시키지 못했다. 이러한 논의는 바로 다음의 의문으로 연결된다. 제대로 조직된 국가에서 사형[1]은 정말로 유용한가 그리고 정당한가?

인간은 무슨 권리로 그의 이웃을 도살할 수 있는 것인가? 주권과 법의 원천이 되는 권능으로부터 나온 것은 확실히 아니다. 법은 각 사람의 개인적 자유 중 최소한의 몫을 모은 것 이외의 어떤 것도 아니다. 법은 개개인의 특수의사의 총체인 일반의사를 대표한다. 그런데 자신의 생명을 빼앗을 권능을 타인에게 기꺼이 양도할 자가 세상에 있겠는가? 각인의 자유 가운데 최소한의 몫의 희생 속에 어떻게 모든 가치 중 최대한의 것인 생명 그 자체가 포함된다고 해석할 수 있을까?[2] 만일 이 같은 점을 수긍할 수 있다면, 그 원칙이 자살을 금지하는 다른 원칙과 어떻게 조화될 수 있을 것인가? 인간이 자신을 죽일 권리가 없는 이상, 그 권리를 타인이나 일반사회에 양도하는 것 역시 불가능한 것이다.

이제까지 살펴본 대로 사형은 어떤 의미에서도 권리의 문제가 아니다. 사형은 한 사람의 시민에 대한 국가의 전쟁이다. 그 국가가 한 시민의 존재의 파괴를 유용하거나 필요하다고 판단한 경우에 벌이는 전쟁인 것이다.[3] 사형이 유용하지도 않고 필요하지도 않다는 것을 드러낼 수 있다면, 나는 인도주의의 대의를 선취하는 셈이다.

한 시민의 죽음이 필요하다고 간주될 수 있는 경우는 다음 두 경우뿐이다. 첫째, 그가 자유를 박탈당하더라도 국가의 안전을 위협하기에 충분한 힘과 조직을 보유하고 있음이 명백한 때이다. 다시 말해 그의 존재 자체가 기존의 정부형태에 위험한 혁명을 야기시킬 수 있다면, 그의 죽음은 불가피할 것이다. 한 국가가 자유를 상실하는가 회복하는가의 기로에 서게 될 때, 무정부상태가 도래하여 무질서가 법을 대체해버릴 때도 마찬가지다.

그러나 다음 경우에는 어떤 연유로든 한 시민의 생명을 파괴할 어떤 필요성도 찾아낼 수 없다. 즉 평온한 법의 지배하에 있는 경우, 그 국민의 충분한 지지를 받고 있는 체세하에 있는 경우, 무력과 여론(무력 그 자체보다 훨씬 강력한 여론)으로 무장하여 내부와 외부의 적들에 대해 스스로를 지킬 수 있는 체제인 경우, 집행권이 군주의 수중에 놓여 있는 경우, 돈으로 쾌락은 살 수 있지만 정당한 권위는 살 수 없는 경우가 그것이다.[4] 유일한 예외가 있다면 그것은 한 사람의 죽음이 타인들의 범죄를 억제하는 유일의 방법일 경우이다. 바로 그 쟁점은 사형이 정당하고 필요하다고 믿을 수 있느냐 하는 두 번째 이유일 것이다.

사형은 결심이 선 인간이 사회를 침해하는 것을 방지하지 못했음을 모든 시대의 경험은 입증하고 있다. 지난날 로마인들의 예로도 충분하다. 러시아의 엘리자베드 여제는 러시아 자손의 피로써 사들인 수많은 정복에 못지않게 소중한 생생한 교훈을 제위 20년 동안 러시아의 지도자들에게 보여주었다.[5] 이러한 예들로도 이성의 목소리를 항상 의심쩍게 여기고 오히려 기존의 권위에 맹종하는 자들을 설득하는 데 충분치 않다면, 내 주장의 진실성을 입증하기 위해 인간의 속성을 살펴보기만 해도 될 것이다.

인간의 정신에 무엇보다 큰 효과를 끼치는 것은 형벌의 강도(强度)가 아니라 그 지속도(持續度)이다. 우리의 감수성은 강력하지만 일시적인 충동보다는 비록 미약하더라도 반복된 인상에 의해 훨씬 쉽게, 영속적으로 자극받기 때문이다. 감각을 지닌 모든 존재는 습관의 지배를 받기 마련이다. 인간은 습관의 도움으로 말하고 움직이고 또 여러 욕구를 충족시킨다. 마찬가지로 도덕관념도 반복 · 지속된 인상을 통해서만 마음속에 새겨지는 것이다.

범죄에 대한 가장 강력한 억제력은 한 악당이 처형되는 장면을 목격하는 데서 생겨나지 않는다. 이는 무시무시하지만 그 효과 면에서 일시적이다. 그보다는 자유를 박탈당한 채 짐 나르는 짐승처럼 취급받고, 자신의 노동으로 그가 사회에 끼친 손해를 속죄하는 인간의 모습을 오래 보게 하는 것이 더 효과적인 억제책이다. 목격자는 내심 이렇게 생각한다. "내가 비슷한 짓을 하면, 오랫동안 저런 비참한 처지에 놓이겠구나" 하고.[6] 이런 생각은 자주 반복되기에 그만큼 실효성이 있다. 멀찍이서 흐릿하게 보는 죽음의 공포보다 이런 억제책이 훨씬 강력한 것이다.

사형이 주는 인상이 아무리 대단하더라도 급속한 망각의 힘을 이겨낼 수 없다. 망각이란 인간의 자연스런 속성으로 심지어 가장 중요한 문제에까지 미친다. 격렬한 감정은 인간을 강하게 붙잡지만 그리 오래가지 못하는 법이다. 그런 감정은 보통사람들을 한순간에 페르시아인이나 스파르타인으로 표변시키는 계기를 만들곤 한다. 그러나 자유롭고 평온한 체제 하에서는 강력하지만 일시적인 인상보다는 약하더라도 빈번한 인상을 제공해야 한다.

사 형

사형은 대부분의 사람에게는 하나의 구경꺼리이며, 소수의 사람들에게는 경멸감과 뒤섞인 연민의 대상이다. 법이 불러 일으키려고 하는 것은 교훈적인 공포감이지만, 실제로 구경꾼의 마음을 사로잡는 것은 이러한 경멸감과 연민의 두 감정이다. 그러나 계속 고통받는다는 생각 속에서는 공포감만이 압도적인 감정으로 자리잡는다. 입법자가 형벌의 가혹성의 정도에 대해 설정할 한도는 구경꾼의 마음속에 동정심이 다른 감정을 능가하기 시작하려고 하는 그 지점이다. 형벌은 범죄자를 위해서가 아니라 구경꾼, 즉 시민의 이익을 위해 집행되어야 한다.[7]

형벌이 정당화되려면, 그 형벌은 타인들의 범죄를 억제시키기에 충분한 정도의 강도(强度)만을 가져야 한다. 범죄로 인한 이득이 아무리 큰 것처럼 보이더라도, 그 대가로 자신의 자유를 완전히, 그리고 영구적으로 상실할 것을 택할 자는 없다. 따라서 사형을 대체한 종신노역형만으로도 가장 완강한 자의 마음을 억제시키기에 충분한 정도의 엄격성을 지니고 있다. 나아가 종신 노역형은 사형 이상의 확실한 효과를 가져온다고 말하고 싶다.

적지 않은 사람들은 평온하고 확고한 표정으로 죽음을 맞이할 수 있다. 혹자는 광신으로부터, 혹자는 심지어 저승에까지 사람들을 따라다니게 마련인 허영심 때문에, 또 혹자는 비참한 생활에 지쳐 더 이상 살고 싶지 않아 그로부터 도피하기 위한 마지막 절망적 수단으로 죽음을 보기 때문이다. 그러나 족쇄나 사슬, 채찍과 멍에, 철창 속에서는 광신도 허영심도 설 땅이 없다. 여기서 절망에 빠진 자는 비참의 종말이 아니라 그 시작을 맞게 된다. 인간의 정신은 폭력을 견뎌내고 극단적 고통일지라도 일시적이라면 비교적 견뎌낼 수 있다. 오히려 끝이 보이지 않는 지루함과 비참함을 견뎌내기가 훨씬 어렵다. 다시 말해 인간정신은 일시적 고통에 대해서는 전력을 다해 버티어내지만, 장기간 반복되는 지루함과 비참함을 이겨낼 만한 탄력성을 갖고 있지 못하기 때문이다.

사형이 채택되어 있는 국가에서는 본보기를 제공할 필요가 있을 때마다 사형에 처할만한 범죄가 생겨나야 한다. 반면 종신노역형은 단지 한 범죄자만 있어도 그를 통해 일련의 지속적인 본보기를 제공할 수 있다. 만약 법의 권위를 사람들에게 자주 과시하는 것이 중요하다면, 법적 처형은 너무 긴 간격을 두어서는 안 될 것이다. 그렇다면 사형이란 형벌은 빈번한 중대 범죄를 상정하는 셈이다. 사형이 유용한 형벌이 되기 위해서는 사형을 통해 만들어질 강한 인상을 사형이 만들어내서는 안 된다. 다시 말해 사형은 실효성이 있어야 하는 동시에 실효성이 있어서는 안 된다.

종신노역형은 사형만큼 고통스럽고 사형만큼 잔혹하다고 말하는 사람들이 있다. 내 답은 이렇다. 노역의 불행한 매순간을 완전히 집약하게 되면 그것은 훨씬 고통스러울 것이다. 사형은 한 순간에 모든 고통을 집결시킨다. 노역형의 고통은 일생에 걸쳐 분산된다. 바로 이것이 종신노역형의 상대적 이점이다. 노역형은 수형자보다 구경꾼에게 더 큰 공포를 안겨준다. 구경꾼은 수형자가 당하는 불행한 순간 순간의 고통의 합산을 고려하지만, 수형자는 눈앞의 순간의 비참함에 사로잡혀 미래를 생각할 여력이 없다. 고통의 체험 속에 사는 수형자는 구경꾼들이 알 수 없고 믿을 수도 없는 위안과 변통거리를 찾아낸다. 구경꾼은 불행한 수형자의 무감각해진 마음 대신 자신의 현재의 감수성으로 사태를 판단한다. 구경꾼에게 수형자의 모든 고통은 상상 속에서 더욱 증폭된다.

교수대나 수레바퀴가 아니고는 범죄를 억제할 어떤 동기도 갖고 있지 않는 범죄자, 예컨대 도둑이나 살인범들은 다음과 같이 추론할 수 있다. (정신적 감수성의 개발은 교육을 통해 얻어지는 기법이다. 그러나 한 도둑이 자기 행동의 지도원리를 명확히 설명할 수 없다고 해서 그가 그런 원리 없이 행동한 것은 아니다.)

"내가 지키지 않으면 안 되는 법률, 나와 부자 사이에 그토록 큰 거리를 만들어내는 이 법률이란 도대체 무엇인가? 그는 내가 구걸하는 한 푼도 거절하면서, 나보고 열심히 일하라고 하면서 거절에 대한 변명을 들이댄다. 자신은 전혀 일할 줄도 모르면서 말이다. 누가 이따위 법률을 만들었는가? 빈민의 누추한 오두막에 발을 디딘 적도 없고, 배고픔에 우는 죄 없는 자녀와 눈물 젖은 아내와 함께 곰팡이 섞인 한 부스러기의 빵을 같이 먹어 본 적도 없었던 부자들과 권세가들이 아닌가? 다수의 생존을 위협하고 오직 소수의 나태한 압제자에게만 유익한 이 같은 법률의 굴레를 부수어버리자. 부정의를 그 원천까지 공격하자. 나는 원초적인 독립 상태로 돌아가겠다. 적어도 당분간은 나의 용기와 근면의 결실을 가지면서 자유롭고 행복하게 살아갈 작정이다. 언젠가 그 대가로 고통과 후회의 날을 맞이하게 될 것이다. 그러나 그 날의 고통은 짧다. 하루 고통을 대가로 치를 것을 각오한다면 오랜 동안 자유와 쾌락을 향유할 수 있을 것이다. 나만큼 확고한 결심을 한 소집단의 우두머리로서, 나는 운명의 실수를 바로잡아야겠다. 평소 오만에 가득 찬 압제자들이 자신들의 말이나 개보다 업신여겼던 자의 면전에서 창백하게 떠는 모습을 보아야겠다." 그런 뒤 모든 일을 해치운 악당의 마음에 종교가 다가온다. 모든 일을 나쁜 용도로 쓰는 악당들에게 종교는 최후의 비극의 공포를 크게 완화시켜 준다. 종교는 그에게 손쉬운 회개와 영원한 축복을 약속해주기 때문이다.

그러나 장기간 혹은 종신토록 노역형의 고통을 당할 전망을 눈앞에서 보고, 한 때 자유로운 상태에서 친근하게 지냈던 이웃들의 시선에 노출되고, 한 때 자신을 보호해주었던 그 법률의 노예로 살아갈 것을 예상한다면 어떨까. 그는 범죄의 불확실한 성공가능성, 범죄의 열매를 향유할 수 있는 짧은 시간을 이 모든 고통의 불행과 비교해볼 것이다. 자신의 경솔함으로 인해 영속적으로 불행을 당하고 있는 자를 대하는 것은 본보기로 처형하는 장면보다 훨씬 강한 인상을 남긴다. 사형은 보는 이를 개선시키기보다는 강퍅하게 만든다.

사형은 또한 사람들에게 잔혹함의 본보기를 제공하기 때문에 유해한 것이다. 격정적인 분노와 전쟁의 필요성이 사람들에게 유혈을 가르쳤다면, 인간의 행동을 순화시켜야 할 법률이 잔혹한 본보기를 증폭시켜서는 안 된다. 사법적 살인은 신중하게 그리고 격식을 갖추고 집행되는 까닭에 훨씬 더 유해한 것이다.

법은 공공의사의 표현이다. 법은 살인을 미워하고 또 처벌한다. 그런데 그런 법이 스스로 살인죄를 범한다니 얼마나 어리석은가. 시민들보고 살인하지 말라면서 공공연한 살인을 명한다는 것은 얼마나 어리석은가. 진실하고도 가장 효과적인 법이란 어떤 것일까? 법이란 사적 이익의 목소리가 공적 이익 앞에 양보하거나 공적 이익과 합치하는 범위 내에서 모두가 제안하고 준수하고 싶은 약속이다. 그러면 사형에 대한 사람들의 감정은 어떠한가? 사형집행인에 대한 사람들의 태도를 보면 이를 감지할 수 있다. 사형집행인은 공적 의지를 순수하게 실행하는 자이며, 공공복지에 기여하는 선량한 시민이다. 용감한 병사가 대외적 안전을 위해 필요한 역할을 하듯이, 사형집행인은 대내적 안전에 필요한 도구의 역할을 한다. 그런데 사람들은 이들을 적개심과 경멸감으로 깔보곤 한다. 이런 모순은 어디에서 연유하는가? 합리적이라고 할 수 없는 이 같은 감정을 사람들에게서 지워낼 수 없는 까닭은 무엇인가? 다른 어떤 부분보다 자신의 원초적 천성을 여전히 간직하고 있는 마음 깊은 곳으로부터 다음을 언제나 믿고 있기 때문이다. 즉 누구도 또 어떤 것도 인간의 생사를 좌우할 권한을 갖고 있지 않다. 오직 온 세상사에 군림하는 '필연'이라는 숙명만이 생사를 주관할 수 있을 뿐이라는 점을.

현명한 치안관과 엄숙한 재판관들은 한 범죄자를 지루한 의식에 따라 형장에 끌고 가라고 명한다. 불쌍한 희생자가 최후의 일격을 기다리면서 단말마의 격통으로 신음하고 있는 동안 그를 단죄하는 재판관은 차가운 무관심을 갖고 심지어 자신의 권력행사에 대해 남몰래 만족감을 느끼면서, 생의 안락함과 즐거움을 향유한다. 이러한 법집행자들에 대해 사람들은 어떻게 생각해야 할 것인가?

사람들은 말할 것이다. "아! 이 법이라는 게 폭력의 가면이자 잘 계산된 잔혹한 사법적 의식을 위한 구실에 다름 아니었구나. 전제주의라는 만족을 모르는 우상에 바쳐진 희생

물처럼 사람들을 보다 확실하게 희생시키기 위한 상투적 언사가 바로 법이란 것이었구나. 무시무시한 범죄라고 설교했던 그 살해행위가 제도화되어 아무 역겨움이나 분노 없이 저질러지고 있구나. 이러한 처형장면에서 얻을 이익은 무엇일까. 격렬한 고통을 동반하는 죽음은 무시무시한 볼거리일 수 있지만, 그것도 한순간의 일에 불과함을 우리는 안다. 그 고통을 예견하지 않았기에 죽음에 포함된 거의 모든 고통으로부터 벗어날 수 있는 사람들에게 처형에 대한 공포감은 훨씬 덜하리라." 이 같은 주장은 범죄를 범하려는 인간들이 가질 수 있는, 어리석지만 치명적인 궤변이다. 그들에게 종교의 남용은 종교 그 자체보다 더 큰 위력을 발휘한다.

거의 모든 시대, 모든 나라에서 일정한 범죄에 대해 사형을 둔 사례를 들어 내 견해를 반박하고자 하는 자에 대해서는 다음과 같이 답변할 것이다. 그러한 사례는 이의를 제기할 여지가 없는 진리 앞에서는 쓸모없는 것이다. 인류의 역사는 오류의 바다이며, 그 위에 몇몇 모호한 진리가 여기저기 산재한 채 떠다니고 있는 것과 같은 인상을 준다. 인신공양은 한 때 거의 모든 나라에서 공통적 관행이었지만, 누가 감히 이를 정당화할 수 있겠는가?

사형을 폐지한 경우가 극소수의 사회에 한해, 그것도 단기간에 한한 것이었다는 점은 내 입론을 약화시키는 게 아니라 오히려 강화시켜 주는 것이다. 위대한 진리의 운명도 그러했기 때문이다. 위대한 진리는 인류를 덮고 있는 긴긴 암흑 가운데 하나의 섬광처럼 지나갈 뿐이다. 오류가 다수를 지배하고 있으며, 진리가 대다수의 몫이 될 그런 행복한 시대는 아직 오지 않았다. 이러한 보편적 명제에 예외가 되는 진리가 있다면, 그것은 오직 지혜의 신이 계시를 통해 특별히 식별해준 것뿐이다.

일개 철학자의 목소리만으로 맹목적 관습에 좌우되는 수많은 사람들의 소동과 아우성을 넘어서기는 역부족이다. 하지만 지상에 산재해있는 소수의 현자들은 내가 한 말에 대해 마음속 깊이 공감할 것이다. 그 진리는, 군주에로의 도달을 막는 모든 장애에도 불구하고, 군주의 귀에까지 도달하게 될 것이다. 이 진리가 만인의 내밀한 승인을 얻은 가운데 도달했음을 군주가 알 수 있도록 해야 할 것이다. 또한 그 진리를 받아들이는 군주의 영광은 옛 정복자들의 피비린내 나는 명성을 무색하게 할 것이고, 공정한 자손들은 이러한 군주에게 평화의 상패를 바칠 것이다. 티투스, 안토니우스 및 트라야누스 황제[8]에 못지않은 찬양을 받을 것이다.[9] 이런 점을 군주에게 일깨워주어야 할 것이다.

이러한 진실을 담은 법률이 처음으로 공포되어 유럽의 왕좌에 자애로운 군주들이 자리잡는 것을 본다면 인류는 얼마나 행복하겠는가! 그들은 평화의 애호가, 예술과 과학의 장려자이며, 그 백성의 어버이이자, 왕관을 쓴 시민이다. 그들의 권위의 증대는 곧 그 백성의 행복을 이룬다. 왜냐하면 그 군주들의 힘이 커질수록 군주와 백성의 사이에 위치하는 중간 압제자[10]들이 물러서게 된다. 중간 압제자는 그 권력의 토대가 불안정하기에 훨씬 더 잔혹하며, 백성들의 욕구의 표현을 억압해왔다. 백성들의 욕구는 언제나 진지한 것이며, 백성들이 왕좌와 가까이 있을 때 행운을 누린다.

만일 그러한 훌륭한 군주들이 케케묵은 법률을 고수하고 있다면, 그것은 수세기에 걸쳐 지속되어온 케케묵은 먼지를 벗겨내는 데 수반되는 헤아릴 수 없는 난관들 때문이다. 이런 이유들 때문에 계몽의 빛을 받은 시민들은 훌륭한 군주의 권위가 계속 커지기를 열정적으로 소망하는 것이다.[11]

29

미결구금

사회의 목적은 개인적 안전의 확보에 있다.[1] 사회의 목적에 상반되지만 그만큼 만연해 있는 잘못 중의 하나는 법집행을 책임진 치안관들에게 시민을 구금하고, 하찮은 구실로 그가 미워하는 자들의 자유를 박탈하고, 다른 한편으로 명백한 범죄증거가 있음에도 단지 자신과 친하다고 하여 처벌하지 않는 식으로 그의 재량권을 부여하는 것이다.[2]

미결구금은 일종의 형벌이다. 그러나 다른 형벌과는 달리 유죄판결에 선행하여 부여되는 형벌이다. 그러한 다른 특징으로 인해 형벌의 다른 본질적인 특성을 외면해서는 안 된다. 즉 어떤 사안이 처벌되어야 하는가는 오직 법률로만 규정되어져야 한다는 것이다. 한 피의자가 체포되고, 심문을 받고 처벌되기 위해서는 범죄에 대해 어떤 증거가 없으면 안 된다는 점을 명확히 규정한 법률이 제정되지 않으면 안 된다.

세간의 악평, 도주사실, 법정 외의 자백, 공범의 자백, 피해자에 대한 협박과 심한 적대감, 정황증거, 기타 범죄를 추정할 만한 유사한 증거 등이 있으면 한 시민을 구속하기에 충분할 수 있다. 그러나 이 증거는 법률로 규정되어 있어야지 재판관이 결정하도록 하면 안 된다. 왜냐하면 재판관의 판결은, 그것이 법전으로부터 도출된 보편적 법명제의 특정 사안에의 적용이 아닐 경우에는, 시민의 정치적 자유를 침해하는 것이다. 형벌이 보다 완화되고, 불결함과 배고픔이 감옥에서 제거되고, 동정과 자비가 철창 안에까지 침투하여 무자비하고 완고한 형리의 마음을 사로잡을 정도가 되었을 때, 비로소 법률은 구금을 명하기 위해 보다 경미한 증거로 만족할 수 있을 것이다.

어떤 범죄의 혐의를 받아 구금되었지만 결국 무죄 석방된 자에 대해서는 어떤 오명의 흔적도 남겨서는 안 된다. 로마에서는 중대한 범죄로 피소되었다가 결백함이 판명된 자들 가운데 민중의 존경을 받아 공직의 영예를 누린 예가 무수히 있지 않았던가! 그런데 결백한 자의 운명이 오늘날 그토록 다른 이유는 과연 무엇인가? 그것은 현행의 형법제도 하에서 권력과 힘의 관념이 정의의 관념을 압도하기 때문이다. 미결수와 기결수가 같은 감방에 무차별적으로 수용되고, 구속이 피고인의 신병확보를 위한 수단이 아니라 일종의 형벌로 되어 있기 때문이다. 또한 법을 떠받치는 대내적 권력과 국가와 왕좌를 방위하는 대외적 권력이 통합되어야 함에도 분리되어 있기 때문이다. 양 권력이 통합되면, 대내적 권력은 재판관의 권력에 직접 의존하는 것이 아니라, 법에 대한 공통된 존중심으로 사법권과 결합될 것이다.

대중의 기질은 사물의 실질보다는 겉모습에 집착한다. 그 때문에 군대의 화려한 행렬과 의식에 뒤따르는 찬양은 대중의 악평을 제거할 수 있다. 일반여론에 따르면 군대감옥이 민간감옥보다 덜 수치스럽게 여겨진다는 사실을 통해서도 이를 알 수 있다.

우리 국민들의 풍습과 법률은 우리의 개명된 사상보다 늘 상 한 세기 이상 뒤져 있었다. 우리 선조들이었던 노르만족의 야만적이고 광포한 관념들이 우리의 풍습과 법률 가운데에 아직도 잔존해 있다.[3]

범죄 즉 범법행위는 그것이 어디에서 행해졌는지를 불문하고 처벌될 수 있을 것으로 주장하는 사람들이 있다. 이러한 주장은 마치 한 신민의 지위가 지워질 수 없는 것처럼 여기는 것이다. 달리 말해 신민을 노예와 같은 지위 혹은 그보다 못한 지위에 있는 것으로 보는 것이다. 어떤 사람을 일국의 거주자이면서 동시에 타국의 신민으로 다루는 것이며, 그의 행동이 상이한 두 주권 및 자주 상충하는 법전의 관할 하에 두어도 아무 문제가 없다고 여기는 것과 같다.

한 곳에서 저질러진 잔혹한 행위는 다른 곳에서도 처벌될 수 있다고 믿는 사람들도 있다. 예컨대 콘스탄티노플에서 행해진 범죄가 파리에서 처벌될 수 있다는 식이다. 인간에게 범죄한 자는 누구든 모든 인류의 적대감과 공분을 받아 마땅하다는 추상적 명분이 거기 자리잡고 있다.

재판관은 인류의 보편적 감수성을 대행하여 응징하는 자가 아니다. 그는 사람들을 결합시키는 사회계약의 수호자이다. 형벌의 장소는 범죄의 장소와 동일해야 한다. 바로 그 범죄한 장소에서만 공적 범죄를 예방하기 위해 한 개인에 대하여 조치를 취할 의무가 주어지기 때문이다. 악당이지만 자기가 속하지 않은 사회의 계약을 어기지 않은 자라 할지라도 그 사회에 공포감을 안겨줄 수 있다. 그 경우 그 사회의 당국은 그를 추방, 배제할 수 있다. 하지만 그에게 그 사회의 법률에 따라 처벌할 수는 없다. 법률은 행동에 내재한 해악을 응징하는 것이 아니다. 법률은 사회계약을 수호하는 것이다.

통상 경미한 죄를 범한 자들은 컴컴한 감옥에 가둬놓든가 아니면 하나의 본보기로써 먼 나라에 강제노역을 시키기 위해 유배시키는 등의 처벌을 받는다. 그러나 그들이 범죄하지 않은 나라에서 그러한 본보기로서의 형벌은 거의 쓸모없는 것이다. 인간은 한순간의 격정으로 최악의 범죄를 저지르는 결정을 내리지는 않는 만큼, 중대한 범죄에 대한 공개적 처벌은 대부분의 사람들에겐 그들과 무관한 생소한 사건으로 간주될 것이다. 그러나 생활 가까이 있는 소소한 범죄에 대한 공개처벌은 그런 범죄를 하지 않도록 하는 보다 분명한 인상을 줄 것이다. 소소한 범죄에 대한 억제는 보다 중대한 범죄에 대한 억제의 요인이 될 수 있다. 형벌은 범죄에 비례해야 한다. 그리고 형벌 상호 간에도 비례성이 있어야 한다. 형벌의 강도뿐 아니라 형이 부과되는 방식이 함께 고려되어야 할 것이다.

경미한 범죄에 있어 피해자가 용서함으로써 가해자가 처벌을 면하는 경우가 있다. 이것은 자애롭고 인도적이지만, 공공선에 반한다. 한 개인은 용서행위를 통해 그가 입은 민사적 손해에 대한 배상을 포기할 수 있지만, 본보기로 세워야겠다는 공공적 필요성까지 제거할 수는 없다. 형벌권은 어떤 한 개인에 속하는 것이 아니라, 모든 시민 혹은 주권자에게 속하는 권리이다. 피해자인 한 시민은 그 권리 가운데 그 개인의 몫만큼은 포기할 수 있지만, 타인들의 몫에 속하는 부분을 무효로 할 수 없는 것이다.

30

소송기간 및 시효

일단 증거가 채택되고 범죄의 확실성이 확인되면 피고인이 자신을 방어하기에 충분한 시간 및 적정한 수단이 허용되어야 한다. 그러나 그 기간은 처벌의 신속성을 방해할 정도로 길어져서는 안 된다. 이미 보았듯이 처벌의 신속성은 범죄에 대한 가장 유력한 억제수단 중의 하나이기 때문이다. 인도주의에 대한 집착 때문에 소송기간의 단축에 반대하는 것은 잘못된 생각이다. 그러나 결백한 자에게 닥칠 수 있는 위험성은 입법적 결함에 비례하여 더욱 증대할 것이라는 점을 생각하면 모든 의구심은 사라질 것이다.

검사의 소추에 필요한 기간과 피고인의 방어를 위한 일정한 기간은 법률로 규정되어야 한다. 만일 증거를 준비하기 위해 필요한 기간을 재판관이 정할 수 있다고 한다면 재판관을 입법자로 세우는 셈이다. 사람들의 뇌리에 오래 기억될 흉악한 범죄의 경우에는 그 범죄사실이 일단 증명된 이상, 그가 도주했다면 그 도주기간에 대해 어떤 시효상의 혜택을 인정받지 못한다. 반면 경미한 범죄의 경우에는 공소시효가 인정되어야 한다. 범죄한 시민이 자신의 운명에 관한 불확실성으로부터 벗어날 수 있도록 해주어야 하기 때문이다. 왜냐하면 그 범죄가 거의 잊혀진 정도의 기간이라면 불처벌의 나쁜 선례로 남지 않을 것이며, 범죄자에게 개과천선의 여지를 남겨주는 의미도 있다.

여기서는 일반원칙을 지적하는 것으로 충분하다. 정확한 시효는 특정한 입법과 특정한 사회사정에 따라 규정되어질 것이기 때문이다. 다만 하나 덧붙일 것은, 관대한 형벌의 유용성을 인정한 국가에서는, 범죄의 중대성에 비례하여 공소시효를 연장, 단축하는 법률은 대다수 범죄에 대한 일군의 관대한 형벌을 할당할 수 있을 것이다. 그 법률에는 미결구금기간과 자발적 망명기간은 형량의 일부로 산입되어야 한다.

그러나 시효가 범죄의 흉악성과 엄밀히 비례해야 하는 것은 아니다. 범죄의 개연성은 그 흉악성과 오히려 반비례하기 때문이다. 사법적 심리에 할당되는 기간은 때로 단축되어야 할 것이며, 반면 공소시효의 기간은 때로 더 길어져야 한다. 이러한 주장은 종전의 내 주장—미결구금기간 혹은 시효기간을 고려한다면 상이한 범죄에 대해서도 동일한 형이 과해질 수 있다—과 모순되는 것으로 여겨질지 모른다.

독자에게 내 생각을 분명히 하기 위해 나는 두 유형의 범죄를 구분한다. 첫째 유형은 흉악 범죄이다. 살인죄를 포함한 모든 극단적인 범죄가 이에 해당한다. 둘째는 보다 경미한 범죄이다. 이러한 구분은 인간성 그 자체에 근거를 두고 있다. 자신의 생명의 안전은 자연권이지만, 재산의 안전은 사회권에 속한다.[1] 사람들 사이의 자연적 동류감과 연민을 침해하도록 이끄는 동기는 그 수에 있어 비교적 적다. 반면 사회적 권리는 인간의 마음 가운데서 발견되는 것이 아니고 사회계약의 산물에 불과하다. 때문에 행복에 대한 자연스런 욕망을 갖고 그러한 사회적 권리를 침해하도록 이끄는 동기는 훨씬 다수를 차지한다. 이 두 유형의 범죄 사이에는 발생가능성의 정도가 크게 다른 만큼, 두 유형은 상이한 원칙에 따라 규율되어야 할 것이다. 즉 가장 흉악한 범죄일수록 가장 드물게 발생하므로, 그러한 범죄에 대한 사법적 심리기간은 단축되어야 한다. 이런 범죄에 있어서는 피고인이 결백할 가능성이 훨씬 크기 때문이다. 반면 흉악범죄일수록 시효기간은 더 길어져야 한다. 유무죄에 대한 판결을 확실히 해야만 불처벌의 요행수를 불식시킬 수 있기 때문이다. 범죄가 흉악할수록, 그에 대한 불처벌의 해악은 더 커진다. 반면 경미한 범죄의 경우에는 피고인이 결백할 가능성이 보다 낮다. 이 경우에는 사법적 심리의 기간은 연장되어도 무방하지만, (시효경과로 인한) 불처벌의 유해성은 상대적으로 낮기에, 시효기간은 보다 단축되어야 할 것이다. 만약 범죄의 발생가능성이 증대하는 만큼 불처벌의 위험성이 감소한다고 한다면 이 같은 두 유형의 범죄 구분은 인정될 수 없을 것이다.

증거 불충분으로 인해 유무죄가 확정되지 못한 피고인이라 할지라도 그 후 법정시효가 종료하기 전에 새로운 증거가 발견된 경우에는 동일범죄에 대하여 재차 체포와 심리가 이루어질 수 있다. 적어도 이런 태도가 시민의 안전과 자유를 동시에 확보하기 위한 가장 적절한 방안으로 여겨진다. 통상적으로는 어느 한쪽을 선호하여 다른 쪽을 희생시키기 쉽기 때문이다. 이 안전과 자유라는 두 개의 축복은 모든 시민의 양도할 수 없는 동등한 천부의 권리에 속한다. 그런데 이러한 축복은 보호받지 못하고 무관심 속에 방치될 위험 속에 있다. 즉 개인의 안전은 공공연한 혹은 은폐된 압제에 의해 위협받고 있으며, 개인의 자유는 소란스러운 대중의 무질서로부터 도전받고 있는 것이다.

31

입증하기 어려운 범죄

여러 나라의 입법의 형성에 이성이 지배했던 적은 거의 없다. 가장 흉악한 범죄, 가장 망상적인 범죄, 즉 가장 일어날 것 같지 않은 범죄가 단순한 추측, 박약하고 애매한 증거에 의해 입증되어 왔다. 법률과 재판관은 진실에 관심을 가졌다기보다는, 유죄판결을 얻는데 부심해왔다. 실제로 무죄일 가능성이 유죄일 가능성보다 더 클수록 결백한 자를 단죄할 위험성이 훨씬 더 크다. 이러한 점들이 그 동안 제대로 생각되지 못했다.

대부분의 인간들은 큰 선행을 하기에 필요한 정력을 갖고 있지 않으며, 큰 범죄를 저지르기에 필요한 정력도 갖고 있지 않다. 정부의 활력과 공공선에 대한 정열에 의해 지탱되는 나라들에 있어서, 큰 선행과 큰 범죄는 언제나 공존하는 듯이 보인다. 반면 그 나라의 규모 혹은 법률의 불변적 우수성에 의지하는 나라에서는 그러한 활력과 정열이 약화된다. 이러한 나라에서는 정부형태를 개선시키기보다는 그를 유지하는 것이 보다 합당한 듯이 보인다. 여기서 하나의 중요한 교훈을 얻는다. 즉 특정한 나라에서 큰 범죄의 존재가 그 나라의 쇠퇴함의 증거로 보여질 수는 없다는 것이다.

사회 속에서 만연해 있으나 그 사실의 입증은 곤란한 범죄유형이 있다. 그러한 유형에서는 유죄입증의 곤란은 피고인의 무죄의 개연성을 높인다. 이런 경우에 범죄자의 불처벌로부터 생겨날 위험성은 별 중요치 않다. 왜냐하면 이 범죄의 발생빈도와 형벌회피 사이에는 아무런 관련성이 없기 때문이다. 따라서 이 경우에는 법정심리에 할당되는 기간과 불처벌을 위한 공소시효의 기간이 동시에 감축되어야 한다.

간통 및 동성애는 입증하기 어려운 범죄이다. 확립된 원칙에 따르면, 이들 범죄의 입증에 있어서와 같은 전단적 추정(tyrannical presumption)이 인정된다. 마치 한 사람이 절반무죄 혹은 절반유죄, 달리 말해 절반은 가벌적이고 절반은 불가벌적일 수 있는 것처럼 말이다.[1] 이 같은 유형의 범죄에 대하여는 피고인의 신체에 대하여, 증인에 대하여 무자비한 고문을 자행하게 되며, 심지어 그 불행한 자의 가족 전체에 대해 참혹한 고문을 자행하게 된다. 이같은 일은 법원을 위한 규정과 선례를 정립하는 식자들이 냉혹한 무관심을 갖고 가르친 바이기도 하다.

사회적으로 볼 때 간통은 두 가지 원인에서 그 존재근거를 얻는다. 즉 가변적인 인간의 법률과 남녀 간의 억제할 수 없는 흡인력이 그것이다. 이러한 흡인력은 많은 점에서 우주를 운행하는 중력과 유사하다. 거리가 멀수록 중력이 약화되듯이, 남녀 간의 흡인력도 마찬가지다. 중력이 물체간의 모든 운동을 규율하듯이, (남녀간) 흡인력은 그것이 지속되는 동안은 정신의 거의 모든 움직임에 영향을 미친다. 차이점이 있다면, 중력은 장애물의 존재로 인해 균형상태에 달하지만, 성적 매력은 반대의 장애가 클수록 오히려 힘과 정력을 더 얻는다는 사실이다.[2]

종교의 광명이 아직 비추어지지 않은 나라들에 대해 논의하게 된다면, 간통과 여타의 범죄 사이에는 뚜렷한 차이가 있다는 점이 지적될 수 있다. 간통은 인류에 항상적이고 보편적인 욕구를 남용할 때 생기는 것이다. 이 욕구는 사회형성에 선행하는 것이며, 사회 그 자체의 기반이 된 것이기도 하다. 반면 사회를 파괴하는 경향이 있는 다른 범죄들은 자연적 욕구가 아니라 순간적 격정에 말미암은 것이다.

역사와 인간에 대한 식견을 갖고 있는 자들에게는, 그러한 욕구의 강도는 일정한 풍토에서 언제나 일정하게 나타나는 것처럼 보인다.[3] 그 말이 사실이라면, 그 욕구의 총량을 감소시키려고 하는 법률과 관습은 쓸모없을 뿐 아니라 심지어 유해하기까지 하다. 왜냐하면 그러한 법률과 관습은 소수의 사람들에게 그들 자신의 욕구에 덧붙여 타인의 욕구까지 부담시키는 결과를 초래하기 때문이다. 그에 반해 진실로 현명한 법률과 관습은 말하자면 평원의 완만한 경사면에 따라 하수(河水)의 총량[4]을 쪼개어 한발과 수해를 방지하기에 족한 분량이 되게끔 여러 갈래의 지류(支流)로 분산 배치하는 것과 다름없는 것이다.

결혼하는 사람이 많아질수록, 결혼하는 데 어려움이 적을수록 부부간 정조는 잘 지켜진다. 그러나 당사자의 뜻이 아니라 가문·가장의 이익·자존심에 따라 결합이 이루어질 때에는 은밀한 정사가 부부간의 취약한 유대를 깨트리게 된다. 간통의 원인은 문제삼지 않고 그 결과에 대해서 비난을 퍼붓는 속류 도학자들의 설교는 아무 쓸모가 없다.[5]

그러나 이 같은 고찰은 진실한 신앙심이 몸에 배어 있어서 자연적 충동의 횡포를 교정할 수 있는 숭고한 동기를 지닌 인사들에 대해서는 무용한 것이다. 간통범죄 그 자체는 즉흥적이고 불가사의하다. 그리고 이를 금지하는 법률 그 자체가 간통행위를 베일에 가리게 만든다. 그러한 베일은 물론 필요하지만 미묘한 결과를 초래한다. 즉 가리는 것에 대한 욕구를 감소시키는 것이 아니라 오히려 증대시킨다. 간통의 기회는 매우 용이하지만, 발각될 위험은 쉽게 피해나갈 수 있다. 이런 범죄에 대해서는 입법자는 사후에 처벌하기보다는 사전에 예방하는 법을 만드는 것이 훨씬 용이할 것이다.

그 범죄의 성질상 대부분 처벌되지 않고 넘어가는 모든 범죄의 경우에 형벌은 억제요인이 아니라 자극제가 된다. 이는 일반 규범이다. 도저히 극복할 수 없다거나 질리게 하는 수준이 아닌 정도의 곤란은 오히려 상상력을 더욱 부채질하고 욕구의 대상을 더욱 매력적으로 보이게 한다. 이것이 인간 상상력의 한 특징이다. 그러한 곤란은 사람들의 탈선적이고 변덕스러운 상상력을 특정 대상으로부터 벗어나지 못하도록 하는 울타리와 같다. 우리의 상상력은 자기 마음이 자연스럽게 쏠리는 즐거운 부분에 확실히 집착하는 반면, 혐오감을 자아내는 모든 생각은 애써 회피하게 한다.

동성애는 법에 따라 매우 혹독하게 처벌되며, 그 증거를 확보하기 위해 고문을 활용한다. 그 고문은 종종 죄없는 자를 굴복시켜 유죄를 지어낸다. 동성애는 자유롭고 독립적인 상태에 있는 인간의 욕구에 기인한다기보다는 사회화된, 그리고 예속된 인간의 욕망에 의거하고 있다.[6] 동성애는 쾌락을 만끽하는 결과가 아니라 교육제도상의 결함에 말미암은 것이다.[7] 즉 타인에게 쓸모있는 인간으로 만들어 지기 위해, 우선 피교육생 자신에게 쓸모없는 존재로 만드는 교육기관 말이다. 젊은이들이 이성과 접촉할 모든 기회를 세심하게 차단시키는 교육시설에서, 나날이 커가는 자연적 정력을 인류에게 무익한 방식으로 소모하게 하고, 또 조로하게 한다.[8]

영아살해(嬰兒殺害) 역시 잔인한 딜레마의 산물이다. 연약한 탓에 유혹에 넘어갔거나 폭력으로 굴복당한 여성에게 치욕을 감수하든지 아니면 고통의 감각을 느낄 수 없는 영아를 죽이든지 택일할 수밖에 없는 경우, 그녀가 자신과 불행한 아이 앞에 닥쳐올 비참한 결과보다 영아살해를 선호하지 않을 도리가 있겠는가? 이 범죄를 예방할 최상의 수단은 덕의 외피 하에서 감추어질 수 없는 모든 악덕을 과장하는 도학자적 압제를 물리치고, 효과적인 법을 통해 연약한 여성을 보호하는 것이다.[9]

나는 이들 범죄가 받아야 할 응분의 혐오를 약화시키자고 하는 것은 아니다. 이들 범죄의 기원에 대해 관심을 환기시킴으로써, 하나의 일반적 결론을 끌어낼 수 있다고 믿는다. 즉 법은 한 나라의 주어진 상황 속에서 범죄예방을 위한 최선의 가능한 수단을 선택해야 한다. 그렇지 않으면 범죄에 대한 법적 처벌은 정당하다고 할 수 없고 필요하다고 할 수도 없다.

32

자살 및 국적이탈

자살은 엄밀히 말해 형벌을 과할 여지가 없는 범죄로 생각된다.[1] 왜냐하면 그에 대한 처벌은 살아있는 다른 결백한 자에게 과해지거나 싸늘하고 감각없는 시체에 대해 과해질 수밖에 없기 때문이다. 시체에 대한 처벌은 살아있는 사람들에게 별다른 인상을 주지 못한다. 이는 마치 조각상을 채찍질하는 것과 마찬가지다. 또한 다른 결백한 자를 처벌하는 것은 부정의하고 폭압적이다. 형벌은 범죄의 실행자에게 직접 과해져야 하며, 그렇지 않고서는 사람들의 사회적 자유는 존재할 수 없기 때문이다.[2]

사람들은 삶에 큰 애착을 갖고 있다. 그들을 둘러싼 모든 환경은 이러한 애착을 강화한다. 거대한 악으로 찬 잔이라도 거기에 몇 방울의 쾌락이 섞여 있으면 남김 없이 비우게 된다. 쾌락과 희망의 매혹, 달콤한 환상들이 사람들을 너무나 현혹시킨다. 때문에 자살과 같은 범죄를 처벌하지 않으면 자살이 만연할 것이라 두려워할 필요가 없다.

고통을 두려워하는 인간들은 누구나 법률에 복종한다. 그러나 죽음은 모든 육체적 고통의 원천을 없애버린다. 그렇다면 자살자의 절망적인 손을 억제시킬 수 있는 동기는 과연 무엇일까?

자살자는 국외탈출자보다 사회에 덜 해악을 끼친다. 자살자는 그가 가진 모든 것을 조국에 남겨놓은 반면 국외탈출자는 자기 자신 및 자신의 소유물 중 적어도 일부는 타국으로 가져가기 때문이다. 한 나라의 힘이 그 시민의 숫자에 달려있다면, 자국을 떠나 타국에 일인을 더하는 자는 자살자에 비해 두 배의 해악을 가져온다. 그렇다면 문제는 한 국가의 성원들에게 자국이 아닌 다른 곳에서 살 수 있는 영구적 자유를 허용하는 것이 그 나라에 유용한가 아니면 유해한가를 아는 것에 귀착된다.[3]

실효성이 없는 법률, 사정변경으로 효력이 없게 된 법률은 공포되어서는 안 된다. 사람들의 마음을 지배하는 여론은 입법자의 서서히 그리고 간접적으로 행사되는 영향력에 대해서는 복종하지만 직접적이고 급작스럽게 이루어지는 조치에는 반발한다. 마찬가지로 사람들로부터 쓸모없는 것으로 경멸받는 법률의 존재는 가장 탁월한 법률까지 오명을 씌운다. 그렇게 되면 양법(良法)마저 공익의 저장소라기보다는 극복되어야 할 장애물로 여기는 지경에 이른다. 이미 살펴보았듯이 인간의 감각 능력이 한정된 것이라면, 사람들이 법률과 무관한 대상에 대해 갖는 존경심이 클수록 법률 자체에 대한 존경심은 그만큼 줄어들 것이다. 공공복리의 현명한 관리자라면 이 같은 원리로부터 몇 가지 의미있는 결론을 끌어낼 수 있겠지만, 그런 작업은 내 본지를 크게 벗어난다. 여기서 내 초점은 국가를 형사감옥으로 전환시키는 것이 얼마나 쓸모없는 일인가를 증명하는 것이다. 실효성 없는 법률은 완전히 무익하다. 도저히 근접할 수 없는 절벽과 항해불가능한 대양이 그 나라를 완전히 격리시키지 않는 이상, 어떻게 그 국경선상의 모든 지점을 지켜낼 수 있을 것인가? 그리고 경비자에 대한 경비는 누가 할 수 있겠는가?

그가 가진 재산 전부를 갖고 그 나라를 탈출하는 자는 정확히 말해 처벌될 수가 없다. 그가 모든 것을 가져가 버렸기 때문이다. 이런 범행은 일단 범해지면 처벌될 수 없는 것이다. 사전에 이런 범죄를 처벌하고자 한다면 이는 개인의 행위가 아니라 주관적 의사를 처벌대상으로 삼는 것이다. 이는 인정법(人定法)의 손아귀로부터 가장 자유로운 부분, 즉 내심의 의사를 규제하려는 것이다.

남겨놓은 재산을 몰수함으로써 국외탈출자를 처벌하는 것은 국가 간의 모든 통상을 질식시킬 것이다. 이는 공모(共謀)의 용이성과 불가피성과는 별도로, 사인간 계약을 무리하게 방해하려 하지 않는 한 이루어질 수 없는 것이다. 그럼 탈출자가 귀국한 뒤 그를 처벌하는 것은 어떤가? 그것은 국외탈출자가 귀국하는 것을 막기 때문에, 그가 사회에 끼친 손해를 배상하는 것을 방해한다. 국외탈출을 금지하는 그 자체가 국민들의 자국 이탈의 욕구를 부채질하고, 외국인에게 입국하지 말라는 경고장으로 기능할 뿐이다.

사람들은 유년시절의 첫 인상으로부터 자기 나라에 강한 애착을 갖기 마련이다. 자국민을 붙들어 두기 위하여 공포심 이외의 어떤 수단도 없는 정부를 우리는 어떻게 생각해야 할까?

국민들이 조국에 애착을 갖도록 하는 가장 확실한 방법은 국민 각자의 복지를 상대적으로 높이는 것이다. 각국은 무역수지를 개선하도록 하기 위해 모든 노력을 기울여야 하는 것과 마찬가지로[4] 국민의 행복의 총량이 인접한 어떤 나라와 비교해서도 뒤지지 않도록 하는 것은 그 나라의 군주와 국민에게 큰 이익이 된다. 사치의 쾌락은 이러한 행복의 주요인은 아니다. 다만 사치의 쾌락은 그 국가의 번영과 함께 커져가는 불평등에 대한 필요한 치료책의 하나이긴 하다. 사치의 쾌락 없이는 모든 부가 소수의 손에 집중될 것이다.[5]

일국의 영토가 그 인구보다 빠른 비율로 팽창하는 경우에, 사치는 압제를 선호하게 된다. 인구가 상대적으로 희소한 경우에 산업은 보잘 것 없을 것이며, 산업이 보잘 것 없을수록 빈민은 부자의 과시용 사치에 더 의존하게 될 것이다. 그와 함께 빈민들이 그들의 압제자에 대항하여 단결하기는 훨씬 더 어려워질 것이며, 부자들은 훨씬 덜 두려워해도 될 것이다. 그런 상황에서 부강한 자들을 못가진 자들로부터 구분짓게 하는 여러 수단들—즉 충성심, 관직, 그리고 분할, 복종의 확보—은 인구가 많을 때보다 적을 때 훨씬 용이하게 확보될 수 있다. 왜냐하면 사람들은 감시받지 않을 때 더욱 자립적이 되는데, 인구수가 많을수록 감시가 덜할 것이기 때문이다.

다른 한편 일국의 인구가 영토보다 더 큰 비율로 증가하는 경우에, 사치는 압제에 대한 견제책이 된다. 왜냐하면 그때 사치는 산업의 자극제가 되기 때문이다. 더욱이 빈민들의 노역은 부유층에게 너무나 큰 편익을 제공하기에 부유층은 과시용 사치에 신경쓰지 않는다. 우리가 관찰하기로는 영토는 광대하나 인구가 적은 국가에서는 과시용 사치가 편의용 사치보다 더 팽배해 있다. 그러나 인구가 상대적으로 많은 국가에서는 편의용 사치가 과시용 사치를 끊임없이 축소시키는 경향이 있다.

사치의 쾌락을 거래하고 교환하기 위해서는 일정한 불편

함이 수반된다. 그 쾌락을 누리기 위해서는 많은 사람들의 수고가 필요하지만, 그 쾌락은 소수인만 누릴 수 있다. 대다수의 사람들은 단지 미미한 몫만 얻을 뿐이다. 그렇게 얻은 몫은 결핍감을 상쇄하기에 매우 불충분하다. 결핍감은 실제를 통해서보다는 비교를 통해 얻어지는 감정이기 때문이다. 그 쾌락에 동참하지 못하는 나머지 다수는 자신과 타인의 상태를 비교하면서 결핍감을 보다 예민하게 감지한다.[6]

하지만 행복의 진정한 기초는 안전과 자유이며, 그것들이 오직 법률에 의해서만 제한될 수 있는 것이다. 안전과 자유가 수반될 경우에 사치의 쾌락은 보통사람들에게 혜택을 준다. 그러나 안전과 자유가 없는 사치의 쾌락은 압제의 도구로 화하게 된다. 고상한 동물들과 비상하는 새들이 자신의 자유의 적(敵)인 인간의 덫을 피해 풍요하고 소담스런 평원을 포기하고 고적하고 접근하기 어려운 숲 속으로 물러서는 것과 마찬가지로, 인간들은 사치의 쾌락이 있다 하더라도 그것이 폭군의 손에 의해 제공될 경우에는 그것으로부터 벗어나고자 한다.

따라서 그 국민을 그 나라의 영토 내에 묶어두고자 하는 법률이 무익하고 부정의하다는 점은 이미 논증된 바와 같다. 자살에 대한 처벌 역시 마찬가지일 것이다. 인간의 사후(死後)에 그를 처벌할 수 있는 유일한 존재는 신(神)이기 때문에 자살은 신이 벌할 수 있는 잘못일 수는 있어도 인간의 눈으로는 범죄가 될 수는 없다. 왜냐하면 그 형벌은 범죄자 자신에게 내려지지 않고, 그 가족에게 떨어지기 때문이다.

자신의 가족이 처벌될 것이라는 생각으로 인해 확고한 결심이 선 인간의 자살을 실제로 방지할 수 있다는 반론을 펴는 자가 있다면, 나는 다음과 같이 답변하겠다. 즉 생의 즐거움을 조용히 포기하는 자, 영원한 불행을 더욱 선호할 정도로 현재의 삶을 혐오하는 자라면, 자녀와 가족들에 대한 애착 때문에 흔들리는 일은 없을 것이라고.

33

밀수입에 대하여

밀수입[1]은 군주와 국가에 대한 실질적 범죄이다. 하지만 밀수에 대한 처벌에는 불명예가 수반되지 않는다. 여론은 밀수행위를 수치스러운 것으로 여기지 않기 때문이다. 사람들로부터 파렴치한 짓이라는 평판을 받지 않는 범죄에 대해 수치를 안겨주는 형을 할당하는 입법자는 진정으로 수치스러운 범죄에 대한 수치감을 제거해버린다. 예컨대 한 마리 꿩을 죽인 자에 대하여 살인한 자를 중요 문서를 위조한 자와 똑같이 사형을 규정한다면, 사람들은 이들 범죄들 사이에 어떤 구분도 할 수 없을 것이다. 이러한 법적용은 도덕적 감정을 파괴한다. 사실 도덕적 감정은 일조일석에 쉽게 형성되는 것이 아니다. 수세기의 노고, 수많은 유혈사태를 거쳐 가면서 참으로 서서히, 그리고 어렵사리 인간정신 속에 형성되어온 것이다. 그러한 도덕 감정을 만들어내기 위해서는 가장 고상한 동기와 엄숙한 의식의 장치가 요청되었다.

밀수입의 범죄는 법률 자체로부터 생겨난다. 관세가 높을수록 밀수의 이익은 커진다. 경계선이 길어질수록, 금지상품의 부피가 작을수록 밀수의 유혹은 커지고 그 실행은 더욱 용이해진다.[2]

밀수되는 물품 및 그와 관련된 물품을 몰수하는 형은 매우 합당하다. 그러나 몰수보다 더 유효한 조치는 관세를 인하하는 것이다. 사람들은 불확실한 사업이 산출할 성공에 비례해서만 위험을 무릅쓸 것이기 때문이다.

이 범죄는 무엇보다 군주에 속할 것, 결국에는 그 나라에 속할 것을 절취하는 행위다. 그런데 왜 그 범죄자에게 오명이 뒤따르지 않는가? 사람들은 자신들에게 직접적으로 나쁜 결과를 가져오리라고 예상되지 않는 범죄에 대하여는 그들의 분노를 자극하기에 충분한 관심을 갖지 않는다. 사람들은 자신과 직접 관계없는 소원한 결과에 대해 극히 미약한 인상밖에 갖지 못하는 법이다. 그들은 밀수가 그들에게 초래할 해악을 거의 알지 못한다. 때로는 밀수로부터 즉각적인 이익을 누리기도 한다. 그들이 보기에 밀수의 해악은 군주에게만 해당되는 것이기에 재물강탈, 문서위조 기타 대인적 범죄를 저지르는 자들보다 밀수범을 더 비난할 만한 이유를 찾지 못하는 것이다. 모든 감각적 존재는 그가 잘 알고 있는 해악에 대해서만 우려한다는 것은 자명한 원리이다.

그러나 잃을 게 아무 것도 없는 자가 밀수죄를 범한 경우에도 처벌하지 않고 지나가야 하는가? 물론 그렇지 않다. 밀수 가운데는 공공재정 — 좋은 정부를 위해 핵심적이면서도 매우 다루기 어려운 부분 — 에 너무 큰 영향을 미치는 까닭에 중한 형벌에 처해야 할 경우가 있다. 심지어 구금형 혹은 노역형에 처해져야 할 경우도 있을 것이다. 다만 구금형이나 노역형이라 할지라도 범죄 그 자체의 성질에 합당해야 하겠지만. 가령 연초 밀수자가 고용된 암살자나 강도범과 같은 형을 받도록 하는 것은 부당하다. 밀수자의 노역의 생산물은 그가 사취(詐取)하려고 했던 국고에 귀속시키는 것이 가장 적합한 성질의 형벌이 될 것이다.

34

파산에 대하여

계약의 신의와 거래의 안전을 보장하기 위해서 입법자는 채권자를 대신하여, 파산한 채무자의 신병을 확보할 의무가 있다. 그러나 여기서 중요한 것은 사기범과 단순파산자를 구분해야 한다는 것이다. 사기파산범은 화폐위조범과 동등하게 처벌되어야 한다. 하나의 금전은 시민 사이의 상호 채무의 서약이다. 금전위조행위는 채무 그 자체를 위조하는 것보다 더 큰 범죄는 아닐 것이기 때문이다. 반면, 단순파산자 — 즉 재판관의 면전에서 엄격한 심리를 거친 후 타인의 악의나 불운으로 인해, 또는 인간의 예지로는 피할 수 없는 사태로 인해, 자신이 가진 것을 상실하게 된 자 — 를 감옥에 던져

넣을 수는 없다. 어떤 야만적 명분으로도 말이다. 아직 가엾은 그에게 남아있는 얼마 안 되는 소지물과 벌거벗은 자유마저 박탈당한 채, 그는 범죄자와 똑같은 고통을 겪으면서 정직성마저 유린된 데 대해 자포자기하면서, 그는 자신의 순진함을 자탄하지 않겠는가? 그는 여태껏 순진한 마음을 갖고 법률의 보호 하에 평화롭게 살아왔다. 그는 이번에 법률을 어겼지만, 결코 그의 잘못으로 그런 것이 아니라 자신의 힘이 미치지 못했기 때문이다. 모든 파산자를 무차별하게 다루는 혹독한 법률들은 권력자들의 탐욕으로 제정된 것이다. 약자들이 이 법을 감수한 것은 인간의 내심에 반짝이는 희망 때문이다. 즉 행운은 나에게, 불운한 사고는 타인에게 일어날 것이라 믿게 하는 희망 말이다. 첫 인상에 크게 좌우되는 인간의 자연적 성향은 잔혹한 법을 선호한다. 그들 자신도 이러한 법의 대상이 되기에, 가능한 관대한 법이 그들의 이익에 더욱 잘 들어맞는다 해도 말이다. 범죄피해를 입을 두려움은 타인을 해칠 욕구보다 언제나 더욱 만연해 있다.

다시 단순파산자 문제로 돌아가 보자. 그가 진 빚을 완전히 갚기까지 그의 채무는 소멸될 수 없음을 나는 인정한다. 채무자는 이해관계인들의 동의 없이는 그 채무로부터 벗어날 수 없으며, 그의 영업소를 다른 관할지역으로 옮기는 것을 허용할 수 없다. 그가 영업할 경우 그 수입에 비례하여 채무변제에 충당해야 할 의무가 법적으로 강제된다. 그러면 거래의 자유, 신성한 재산권 기타 어떤 명분으로 단순파산자의 자유박탈을 정당화할 수 있겠는가?

선량한 파산자로 자처하던 자가 그 사기적 정체를 백일하에 드러내게 하기 위하여 노역의 고통을 과할 수 있다고 반론하는 자들이 있다. 그러나 단순파산인가 사기파산인가는 그의 행적에 대한 엄격한 심사 후에 판정되는 까닭에 이러한 경우는 거의 생각하기 어렵다. 한 범죄가 사회에 끼치는 해악이 클수록 그 범죄를 불처벌함으로써 생기는 정치적 불이익은 커지며, 그 행위가 입증하기 어려울수록 그 범죄를 불처벌함으로써 생기는 정치적 불이익은 적어진다. 나는 이러한 명제가 입법의 기준이 되어야 한다고 본다.

사기는 중과실과 구분되어야 하며, 중과실은 경과실과, 경과실은 완전무과실과 구분되어야 한다. 그에 따라 과해질 제재수단도 구분되어야 한다. 첫째 유형의 사기파산범에 대하여는 사기의 유죄가 되어 문서위조범과 같은 형을 과하고, 중과실범에 대하여는 여전히 자유박탈을 포함한다 해도 보다 경미한 형이 과해져야 한다. 마지막의 완전 무과실한 순수파산의 경우에는 파산자 자신이 배상방법을 자유로이 택할 수 있도록 할 것이며, 경과실의 파산의 경우에는 파산자가 아니라 채권자에게 변제방법을 택하도록 해야 할 것이다. 중과실과 경과실의 구분은 언제나 맹목적이고 공평무사한 법률로 정해져야지, 재판관의 자의적이고 위험한 재량에 좌우되도록 해서는 안 된다. 한계를 설정하는 것은 수학에서와 마찬가지로 정치에서도 대단히 중요하다. 길이를 수학적으로 측정하듯이, 공공복리도 엄밀하게 측정되어져야 한다.*

분별있는 입법자라면 대부분의 사기파산을 방지하고, 근면한 단순파산자의 불운을 경감시키기란 너무나 쉬운 일이다. 모든 계약에 대해 공개적인 공적 등록부를 작성하고, 누구나 잘 정리된 장부를 자유로이 조회할 수 있도록 하며, 발전하는 상업활동에 대해 적정하게 분담된 세금으로 조성된 공공은행을 설립하여 재난에 당면한 선량한 사업가에 시의적절한 금융지원을 하는 등의 조치를 시행한다면 어떤 실제상의 불편없이 헤아릴 수 없는 이익을 산출할 것이다.

그러나 간단명료한 위대한 법률, 나라전체에 풍요와 활력을 확산시키기 위해 입법자가 승인만 하면 되는 법률, 그를 위해 세세토록 감사의 찬양을 부를 그러한 법률은 가장 알

* [원주] 거래와 사유재산은 사회계약의 목적이 아니라, 목적에 이르기 위한 수단이다. 모든 사회성원들이 악에 노출되어 있다는 사실로 말미암아 그토록 많은 제도를 만들어낼 만한 필요가 있었다고 보여진다. 해악의 요체는 사회계약의 목적을 그 수단에 예속시키는 것이다. 이것은 모든 과학과 정치의 오류이며, 이 책의 초판에서 내가 범한 오류이기도 하다. 초판에서 나는 단순파산자를 자신의 채무에 대한 담보물로써 구금시켜야 하며, 채권자에 대한 노예로써 노역을 과해야 한다고 주장했다. 이렇게 쓴 데 대해 나는 심히 부끄럽게 생각한다. 초판에 대해 나는 불경죄와 반역죄로 고발당했다. (파치나이의 고발에 대한 언급을 말한다: 역자.) 그러한 비난은 온당치 못하다. 나는 인간의 권리에 위배되는 언명을 했지만, 어느 누구도 그 점을 가지고 나를 비난하지 않았다.

려져 있지 않거나 배척되고 있는 실정이다. 연약한 인간들의 번잡스러운 활동을 규율하는 자(즉 입법자)의 느낌을 사로잡고 있는 것은 쉴새없이 헐뜯는 마음, 현재 순간밖에 보지 못하는 소심한 분별력, 어떤 혁신도 가로막는 완고함 같은 것이다.[1]

35

성역에 대하여

여기서는 두 가지 의문을 검토할 것이다. 첫째, 범죄를 처벌하지 못하는 성역을 두는 것은 정당한가. 둘째, 범죄자의 상호인도를 위한 국가간의 조약은 유용한가 어떤가.

한 국가의 영토 안에서 법으로부터 자유로운 어떤 장소도 없어야 한다. 그림자가 몸체를 따르듯이, 법의 힘은 모든 시민을 따라다녀야 한다. 불처벌과 비호권(성역) 사이에는 정도의 차이밖에 없다. 형벌의 효과는 그 가혹성보다 그 확실성에 훨씬 의존한다면, 비호권을 인정하는 성역의 존재는 형벌을 통해 범죄를 억제시키는 것보다 더욱 범죄를 조장하는 데 기여한다. 그러한 성역을 확대한다는 것은 그만큼의 소

주권국가를 창설하는 것이다. 법률이 그 권위를 갖지 못하는 곳에, 기존의 보편법과는 다른 새 법률이 제정될 수 있으며, 사회 전체의 정신과 대립되는 정신이 생겨날 수 있다.[1] 여러 국가에서, 그리고 인간사상에서 대혁명이 이러한 성역지대로부터 생겨났음을 인류의 역사는 보여준다.

국가 사이에 범죄자를 상호 인도하는 것이 유용한가의 문제에 대하여는 나는 다음을 충족할 때까지는 확답을 유보하고 싶다. 즉 법률이 인류의 필요 및 권리와 보다 일치할 때까지. 형벌이 보다 관대해지고, 재판관의 자의와 여론에의 종속이 종언을 고하게 되어 죄없는 시민의 안전이 수립되고 덕행이 비웃음거리가 되지 않도록 될 때까지. 또한 (유럽이) 보편타당한 이성의 왕국을 구축하여 군주와 시민의 이익을 가장 잘 결합시키고, 전제정을 아시아의 평원에 국한시켜 놓을 때까지. 다만 범죄가 처벌되지 않고 넘어갈 수 있는 어떤 핑계도 없다는 사람들의 확신이야말로 범죄예방의 최선의 수단임은 의심할 나위가 없다.

36

현상금에 대하여

또 다른 문제는 수배 범죄자의 목에 현상금을 걸고, 시민들의 손에 무기를 쥐어주고 그들을 사형집행인으로 만드는 것이 유용한가 하는 것이다.

범죄자는 국경 밖에 있든지, 국경 안에 있든지 둘 중 하나다. 전자의 경우 주권자는 자국민에게 타국에서 범죄하도록 부추기는 것이며, 자국민을 타국의 형벌에 노출시킨다. 남의 영역을 침범하고, 타국의 권위를 찬탈한다. 또한 이 같은 방식으로 타국이 자국에 같은 짓을 하는 것을 재가하는 셈이다. 범인이 아직 자국 내에 있을 경우에 현상금을 거는 조치를 통해 주권자는 자신의 무력함을 드러낸다. 자신을 지킬 힘을 지니고 있는 자라면 그 힘을 돈으로 얻으려고 하지는 않을 것이기 때문이다.

도덕과 덕행에 대한 모든 관념은 가벼운 바람에도 사람의 마음으로부터 사라지기 쉽다. 그런데 현상금에 관한 법령은 이같이 취약한 도덕과 덕행에 관련된 모든 생각들을 완전히 뒤집어놓는다. 어느 순간 법은 배신을 처벌하다가, 다음 순간 배신행위를 고취하는 셈이다. 한편으로 입법자는 가족, 친족, 친구 사이의 유대감을 강화하는가 하면, 다른 한편으로 그러한 유대감을 깨뜨리고 경멸한 자들에게 상금을 준다. 항상 자기모순에 빠져 의심 잘하는 인간들에게 때로는 서로 신뢰하도록 요구하면서, 다른 한편으로 사람들 마음속에 불신을 심는다. 결국 한 범죄를 예방하는 대신 백가지 새 범죄를 고취시키기에 이른다.

이러한 조치는 약소국의 한 방편에 지나지 않는다. 그 나라의 법률은 곳곳이 붕괴되어 폐허화되고 있는 건물에다 임시변통으로 수선하는 것과 마찬가지다. 한 나라에 계몽이 전파됨에 따라 선의와 상호신뢰가 더욱 필수적으로 요구되며, 건전한 정책의 토대가 된다. 음모, 간계, 기타 음습한 행로는 대부분 쉽사리 적발되며, 일반 이익이 개개인의 욕망을 순화시켜 전체 이익이 보다 잘 지켜지게 된다.

사적 도덕기준을 공적 도덕으로 강제했던 무지의 수세기도 계몽시대에 대해 유익한 교훈과 체험으로 기능할 수 있다.[1] 도덕과 정치의 결합은 국민들에게 행복을, 국가에는 평화를, 여태껏 누려온 것보다 훨씬 장기간의 평온과 자유를 세계에 가져오기 위해 필수적인 요소이다. 그런데 시민들 사이에 배신행위를 포상하고 은밀한 전쟁을 부추기며 상호 의심의 씨앗을 심는 법률은 바로 그 도덕과 정치의 결합을 저해한다.

37

미수 · 공범 및 제보한 공범에 대한 형면제

법률은 단순한 의사를 벌하지 않는다. 그러나 한 범죄를 범할 명백한 의사를 갖고 범죄실행에 착수한 행위는 처벌받아야 마땅하다. 물론 그에 대해서는 범죄의 기수보다 경미한 형을 받아야 하겠지만.

범행의 기도를 방지할 필요성은 미수범에 대한 처벌을 정당화한다. 다만 실행의 착수와 범행의 완성 사이에 시간적 간격이 있을 것이다. 따라서 기수범에 대해 미수범보다 더 중한 형을 정해둔다면 범행의 착수 이후에도 범행에 대한 후회와 범행중지를 위한 동기가 생겨날 것이다.

다수의 공범자가 범행에 관여하였으나 그 모두가 직접 실행자는 아닌 범죄에 대해서도 같은 논리가 성립할 수 있다. 물론 그 근거는 다르겠지만 말이다. 다수인이 위험한 행동에 가담할 때, 그 위험의 정도가 클수록 그 위험을 더욱 똑같이 나누려고 한다. 그들 중 한 명이 혼자 범죄의 실제 수행을 떠맡고 나서서 다른 공범자보다 더 큰 위험을 무릅쓰는 경우를 발견하기는 훨씬 어렵다. 유일한 예외가 있다면 그것은 그 실행자에게 일정한 보상이 할당된 경우뿐이다. 남보다 더 큰 위험의 부분에 대해서는 특별한 보상을 얻을 수 있음을 감안한다면, 다른 공범과 그 사이에 정해진 형에서 실질적인 차별이 있는 것은 아니다. 법률은 범행 관여자들 사이에 의사합치를 이룰 여지를 적게 제공할수록 잘 된 것이다. 이 점을 생각지 못하는 자에게 위의 성찰은 너무 이론적이고 복잡한 것처럼 보일 것이다.

어떤 법원은 중범죄의 피고인이 그 공범의 죄를 폭로한 경우 형면제의 은전을 베풀기도 한다. 이 같은 방편적 조치는 이점과 함께 부작용을 갖고 있다. 부작용이라 함은 악당들에게조차 타기할 만한 짓으로 치부하는 배신행위를 국가가 인가한다는 점이다. 용기를 요하는 범죄는 겁쟁이의 범죄보다 나라에 덜 치명적이다. 용기는 드문 덕목이며, 자애로운 손길로 잘 인도하면 그 용기는 공공선을 위해 선용될 수 있다. 하지만 비겁함은 훨씬 흔한 것이고 전염성이 있으며 자기중심적이다.

법률을 위반한 범인의 도움을 간청한다는 것은 법률의 취약성과 법원의 불확실성을 보여준다. 이와 같은 범인에 대한 형면제의 이점은 중대한 범죄를 예방하는 효과가 있다는 것이다. 또한 범죄는 분명히 일어났지만 그 범인이 밝혀지지 않을 때 공포감을 안고 살아갈 사람들에게 안도감을 줄 수 있다는 것이다. 더욱이 법률 즉 공적 계약에 대한 신의를 파괴한 자는 그의 사적 거래에서도 신의를 지키지 않을 것임을 보여주는 데 기여한다. 특정한 사안에 대해 특별한 형면제를 부여하는 것보다는, 어떤 범죄든 간에 정보를 제공하는 공범에게 형면제를 약속하는 일반 법률을 제정하는 것이 더욱 바람직하다고 생각된다. 이 경우 공범자들은 다른 공범의 배신으로 인해 그 자신이 홀로 위험에 처하게 될지 모른다는 두려움을 서로 갖게 될 것이다. 이러한 방식으로 범죄자 사이의 단결을 방지할 수 있다. 이렇게 일반 법률로 규정하게 되면, 법원이 특정 사안에서 자기들 도움이 없이는 처리할 수 없겠구나 하는 점을 알게 된 악당들이 기세를 올리는 것을 저지할 수 있을 것이다. 다만 제보한 공범에 대해서는 형면제와 함께 추방에 처하지 않으면 안 된다.

법률은 공공 신뢰의 기념비이자 인간도덕의 토대를 놓는 것이어야 한다. 이러한 신성불가침의 법률 가운데 배신과 기만의 유도를 인정하는 데서 느끼는 후회감을 이겨내기 위해 쓸데없이 괴로워해야 하다니.[1]

만약 제보한 공범자에 대한 형면제의 약속을 지키지 않는다면, 그리고 법의 초대에 응한 자를 그 공적 약속에도 불구하고 숙련된 궤변으로 형장으로 끌고 간다면, 국민들에게 얼마나 유익한 본보기가 될 것인가! 그런 예들은 사실 여러 나라에서 드물지 않다. 때문에 국가란 가장 능력있고 세도있는 자들이 제멋대로 작동하는 하나의 복잡한 기계와 다를 바 없다고 종종 생각되기도 한다. 그들은 부드럽고 고상한 정신을 형성하는 모든 것들에 대해 냉정하고 무감각한 채, 가장 소중한 감정과 가장 폭력적인 욕망을 자유자재로 조작한다. 마치 악사가 악기를 다루듯이, 그들은 인간의 마음을 마음대로 주무른다.[2]

38

유도신문에 대하여

우리 법제는 법정심리에서 유도신문을 금하고 있다. 법률가들에 따르면 유도신문이란 범죄 상황에 대한 일반적 측면이 아니라 범죄의 구체적 내용에 대한 질문을 말한다. 유도신문은 피고인에게 범죄와 직접적 관련을 갖는 하나의 즉답을 암시한다. 형법전문가들에 따르면, 신문방식은 사실을 직접적으로 묻는 것이 아니라, 나선형처럼 그 사실을 빙빙 둘러 접근해야 한다. 이런 방식으로 진행하는 첫째 이유는 피고인의 혐의를 풀 수 있는 즉답을 피고인에게 암시해서는 안 된다는 것이다. 둘째 이유는, 그 반대인데 피고인이 자신에게 불리한 고발자로 되는 것은 본성에 반하는 것이기 때문이다. 이 두 이유 중에 어느 것이든 법률상으로는 현저한 모순이 있다. 법률은 유도신문을 비난하면서 반면 고문을 재가하고 있기 때문이다. 고문의 고통보다 더 답변의 방향을 유도하는 신문이 있을까? 첫째 이유는 고문에 적용된다. 고문은 건장한 악당에게는 집요한 침묵을 유도한다. 그 침묵을 통해 그는 중한 처벌을 경미한 처벌로 바꿔놓을 수 있다. 반면 연약한 자에게는 눈앞의 고통이 장래의 고통보다 훨씬 큰 영향을 준다. 고문의 고통은 그에게 현재의 고통을 벗어날 수 있는 자백을 유도한다. 둘째 이유가 고문에 적용될 수 있음은 자명하다. 피고인에 대한 구체적 신문을 통해 자연법에 반하는 자백을 하도록 만든다면, 고문은 그러한 자백을 이끌어내기 위한 보다 손쉬운 방법이 될 것이다. 그러나 사람들은 사물 사이의 실제적 차이보다 사물에 부여하는 이름 상의 차이에 의해 더 큰 인상을 받는다.

인간사에 적지 않게 영향을 미쳤던 언어의 남용형태 가운데 가장 대표적인 것은 유죄판결을 받은 범죄자의 증언을 법적으로 무효로 간주하는 것이다. 형식주의적 법학자들이 엄숙히 선언한 바에 따르면, 유죄판결을 받은 자는 법적으로 죽은 자이며, 죽은 자는 어떤 행동도 할 수 없다. 수많은 피해자들이 이러한 공허한 비유 때문에 희생되어 왔다. 실체적 진실이 이러한 법적 의제(擬制) 앞에 물러서야 하는지에 대해서는 매우 심각한 논쟁이 자주 제기되었다. 유죄판결을 받은 자의 증언이 재판진행에 방해가 되지 않는 한, 사건의 성질을 일변시키기에 충분한 새로운 증거를 제출할 기회를 그에게 허용하지 않을 까닭이 있는가? 심지어 유죄선고가 내려진 이후에조차 말이다. 수형자가 겪는 극단적인 불행을 고려할 때, 그리고 진실의 이익을 위해 그에게 사안의 성질을 일변시키고, 그 자신이나 타인을 새 재판정에서 변호할 수 있도록 해야 하지 않겠는가?

사법행정에 있어서 형식과 의례는 필수불가결하다. 재판관에게 자의적으로 재량을 행사할 여지를 남기지 않으며, 재판이 폭력적이거나 편파적이지 않고 안정적이고 질서정연하다는 인상을 대중에게 안겨주기 위해서이다. 또한 전통과 관습을 맹목적으로 추종하는 인간들은 이성적 논의보다 감각적 인상에 의해 더욱 많은 영향을 받게 된다. 아주 간단한 것이든 매우 복잡한 것이든, 진실이 무지한 대중들을 납득시키기 위하여 어느 정도의 외형적 가장을 필요로 한다. 그러나 법률이 진실을 방해하는 방식으로 이 같은 형식과 의례를 설정한다면 이는 매우 위험한 일이다.

마지막으로 심문에 대한 답변을 완강하게 거부하는 자는 법률로 정해진 바의 형을 받아 마땅할 것이다. 그것도 가장 엄중한 형을 받아야 할 것이다. 범죄자가 침묵을 통해 공중에게 하나의 본보기를 제시할 의무를 회피하지 않도록 말이다. 피고인이 특정한 범죄를 저질렀음이 의심할 나위 없이 명백할 때는 그에 대한 신문은 불필요하다. 다른 증거만으로 유죄를 입증할 수 있는데 피고인의 자백을 얻을 필요는 없기 때문이다. 그 경우에는 부가적으로 엄중한 형을 과할 필요는 없다. 사실 이런 경우가 가장 흔하다. 이제까지의 경험을 보면, 대부분의 재판에 피고인은 모든 범행을 부인하기 때문이다.

39

특별한 종류의 범죄에 대하여

이 책의 독자는 내가 특정한 범죄를 언급하지 않았음을 주목할 것이다. 전 유럽을 인간의 피로 뒤덮게 했고, 살아있는 사람의 몸을 화염의 제물로 바치게 했던 그 범죄 말이다. 맹목적 군중들이 신나는 볼거리로 즐겼고, 시꺼먼 연기—숯덩어리가 된 뼈, 아직도 펄떡이는 장기들이 타는 데서 나오는 연기—로부터 새어나오는 단말마의 신음소리를 달콤한 화음인양 들었던 시대였다.

그러나 합리적인 인사라면, 내가 살고 있는 시대와 장소와 내 주제가 이 같은 범죄의 특성에 대한 검토를 허용하지 않음을 알 것이다. 다음과 같은 점을 논증한다는 것은 내 주제로부터 너무 벗어나고 너무 장황스러운 일이다. 즉 다수 국가의 예들이 그렇지 않은데, 한 나라에 의견의 완전한 통일은 필수적임을 어떻게 논증할 수 있는가. (인간의 이해력으로 거의 파악될 수 없는 사소하고 애매한 차이점밖에 없는) 여러 견해 중 오직 특정한 견해(혹은 교리)에 대해서만 권위를 인정하고 그 밖의 견해들을 배척하지 않으면 공공질서에 혼란이 올 것임을 어떻게 논증할 수 있는가. 어떤 견해들은 대립과 반박 속에서 진실이 위로 뜨고 허위는 망각 속에 잠기는 반면, 또 다른 견해들은 너무 취약하여 권력과 권위의 지원을 요청한다. 이렇게 상이한 특질을 가진 견해가 있음을 과연 어떻게 논증할 수 있는가 하는 것들이다.[1]

인간정신에 대한 힘의 지배는 결국 위선과 도덕적 타락을 초래할 것이기에, 매우 가증스럽게 여겨지며, 우리가 존중해 마지않는 이성과 권위와 결합한 관용과 박애정신과 매우 상반되는 것으로 여겨진다. 하지만 그럼에도 불구하고 인간정신에 대한 힘의 지배는 필요불가결한 것인가? 이 같은 논증을 하기엔 내 주제를 너무 벗어나는 것이다. 합법적 권위를 가진 누군가가 제대로 권한행사를 한다면, 이 모든 논증과제들은 의심할 나위 없이 해결되고 인류의 진정한 이익에 합치될 수 있도록 될 것이다.[2]

여기서 나는 다만 자연법 및 사회계약을 위반한 범죄(crime)에 대하여 말하는 것이며, 종교적 죄악(sin)을 말하는 것은 아니다. 종교적 죄악은 신이 벌하는 영역이다. 그에 대해 현세적 처벌을 하는 경우에도 그것은 협소한 철학의 원리와는 다른 원리에 의해 다스려져야 한다.[3]

40

그릇된 공리관념에 대하여

법률에서 오류와 부정의가 생겨나는 한 원인은 공리성에 관한 잘못된 관념이다. 입법자가 공리성에 대해 잘못된 관념을 지니고 있는 예로는 일반적 불편보다 특수한 불편을 앞세우는 것, 인간의 감정을 자극하는 대신 명령하는 것, 이성을 향해 "노예가 되라"고 감히 말하는 것 등이 있다. 상상속의 불편 혹은 사소한 불편에 대한 생각 때문에 무수한 실제적 이익을 희생시키는 자도 마찬가지다. 불날 염려 때문에 인간에게서 불을 빼앗는 자, 익사할 위험 때문에 물을 빼앗는 자, 악을 제거하는 것 이외에 그를 방지할 어떤 방법도 알지 못하는 자 역시 잘못된 공리관념에 입각해 있다.[1]

무기소지를 금하는 법률은 여기에 해당한다. 그 법률에 의해 무장해제당하는 자는 범죄성향도 없고 범죄기질도 없는 사람들뿐이다. 법전 가운데 가장 중요한 법률 즉 가장 신성한 인도성의 법률을 위반할 용기를 지닌 악당이 그런 사소하고 매우 자의적인 규정을 존중할 것으로 생각할 수 있겠는가? 그 위반이 매우 쉽고 면책여지도 적지 않은데 말이다. 그런 법률이 시행되면 개인적 자유 — 개개인에게도 소중하고, 계몽된 입법자에게도 소중한 그런 개인적 자유는 종말을 고할 것이다. 그러한 법률은 범인만이 받아 마땅할 모든 괴로움을 죄없는 자에게 과하게 될 것이다.

그러한 법률은 공격받는 피해자를 더욱 불리한 처지에 빠트리고, 가해자를 유리하게 한다. 살인자의 수를 줄이기는커녕 오히려 늘리는 데 기여한다. 무장한 자는 아무 무기가 없는 개인에 대해 훨씬 자신감을 갖고 공격할 수 있기 때문이다. 그러한 법률은 범죄방지에 기여하는 것으로 볼 수는 없고, 범죄에 대한 공포심으로 자극받은 것이다. 이 법률은 몇몇 개별적 사건들이 준 엄청난 충격 때문에 생겨난 것이지, 하나의 보편적 법률의 이익과 불이익을 합리적으로 성찰한 결과로서 나온 것은 아니다.

무생물의 속성인 대칭성과 질서를 무수한 감각적 존재에게 부여하려는 것 역시 잘못된 공리성 관념 탓이다. 보통 사람들에게 확고하고 지속적으로 작용할 수 있는 현재적 동기를 무시하고, 미약하고 순간적인 인상만을 만들어내는 소원(疎遠)한 동기를 선호하는 것 역시 마찬가지다. 특별한 상상력을 갖고 그러한 동기를 강화시킬 수 있을지 모르지만, 이는 보통 사람들에게 매우 드문 일이다.[2]

마지막으로 사물을 그 이름을 위해 희생시키고, 공공복리와 개개인의 복리가 별개의 것인 양 구분짓는 것은 공리성에 대한 잘못된 관념 탓이다.[3] 사회상태와 자연상태 사이에는 다음과 같은 차이가 있다. 즉 미개인은 자기 자신의 이익에 필요한 한도 이상으로 타인에게 손해를 가하지 않지만, 사회인은 법률상의 결함 때문에 때로는 자신에게 어떤 이익도 없는데도 타인을 해치기도 한다.[4]

전제정 하에 폭군은 그의 노예들의 마음속에 공포와 노예근성을 심지만, 그러한 감정은 그에게 두 배로 되돌아와 그의 고민의 원천이 된다. 그 공포가 개인적·가정적일수록, 그 공포심을 자신의 행복의 도구로 삼는 폭군에게는 덜 위험할 것이다. 그러나 그 공포가 점점 공적인 것이 되고 대다수 사람들을 더 크게 자극할수록, 광인이나 절망에 빠진 자나 대담하고 영리한 자가 자기 목적의 달성을 위해 타인들을 자파로 끌어들이기 쉽다. 그 추종자들의 마음속에, 그들이 환영받을 것이며 대다수가 참여함에 따라 거사에 따르는 위험은 분담될 것이기에 염려할 것 없다는 느낌을 고취시킨다.[5] 그뿐 아니라 사람들이 불행하고 비참할수록 자신의 생존에 대한 애착이 줄어든다.

하나의 악은 새로운 악을 배양한다는 것은 바로 이러한 이유 때문이다. 증오는 애정보다 더욱 지속적인 감정이다. 증오는 사랑을 약화시키는 활동을 계속함으로써 그 힘을 집적한다.

41

어떻게 범죄를 예방할 것인가

범죄를 처벌하는 것보다 범죄를 예방하는 것이 더 바람직하다. 이것은 모든 훌륭한 입법의 근본 목적이다. 수학적 표현을 선·악의 문제에 적용할 수 있다면, 모든 훌륭한 입법은 가능한 행복의 극대화와 가능한 불행의 극소화로 이끄는 기술인 것이다.[1]

하지만 이러한 목적을 위해 여태껏 구사된 수단들은 오류투성이였고 소기의 목적에 상반되는 것들이었다. 복잡다단한 인간 활동을 일률적으로 혼동없이 하나의 기하학적 질서로 환원하는 것은 가능하지 않다. 영속적이고 간명한 자연법칙이 행성들의 운행 중의 혼란을 방지하지 못하듯이, 인정법

(人定法)은 쾌락과 고통의 무한히 다양하고 상반되는 동기 사이에서 생겨나는 혼란과 무질서를 제어하기에 충분하지 못하다. 하지만 이것은 속 좁은 자들이 권력을 장악할 때 갖게 되는 망상일 뿐이다.

수많은 사소하고 무해한 행위를 금지하는 것은 후속적인 범죄를 예방하는 것이 아니라 새로운 범죄를 만들어 내는 것이다. 그것은 영구불변이라고 하는 선과 악의 개념을 자의적으로 규정한다. 범죄유혹으로 연결될 모든 짓들을 완전히 금지한다면 우리 인간은 어떤 상태로 환원되는가. 그것은 사람들에게 그의 모든 감각의 사용을 박탈할 것을 요구하는 것이다. 사람들에게 진짜 범죄를 범하도록 하는 동기가 하나라면, 악법 때문에 비로소 범죄로 규정된 그런 사소하고 무해한 행위를 하게 되는 수천가지의 동기가 있다. 범죄의 발생가능성이 그 동기의 많고 적음에 달려 있다면, 범죄로 간주되는 행위영역의 확대는 곧 범죄의 발생가능성을 그만큼 높이는 것이다. 이렇게 되면 법률의 대다수는 특권, 다시 말해 소수의 편의를 위해 만인이 바치는 공물(貢物)에 불과한 것이 된다.

여러분은 범죄를 예방하길 원하는가? 먼저 법률을 간단·명료하게 하라. 법률의 방위를 위해 국민의 모든 힘을 집중시키고, 그 힘의 일부라도 법률의 파괴에 사용되지 않도록 하라. 법률이 어떤 특정 집단을 편애할 것이 아니라 개인

개인을 평등하게 보호하도록 하라. 국민들이 법률을 두려워하되, 오직 법률만을 두려워하도록 하라. 법률을 두려워하는 것은 바람직하지만, 다른 인간들을 두려워하게 되는 것은 온갖 범죄의 원천이 된다.

예속된 인간은 자유인보다 향락적이고 방탕하고 잔혹하다. 자유인은 과학을 탐구하고 국익을 염려하며, 눈앞에 좋은 모범을 보면 그것을 따르고자 한다. 반면 예속된 인간은 눈앞의 순간에 자족하여 향락의 도가니 속에서 삶의 공허함을 잊어버리려 한다. 세상만사에서 결과의 불확실성에 익숙해져 있기에, 처벌가능성이 의심쩍게 느껴질 때 범죄의 동기가 되는 욕구를 더욱 부채질하게 된다.

기후적 특질로 인해 나태한 국민에게는, 법률의 불확실성은 사람들의 나태함과 우둔함을 유지시키고 또 증가시킨다.[2] 관능적이고 활동적인 국민에게, 법률의 불확실성은 무수한 음모와 술수로 그 기력을 소진하게 한다. 음모술수는 사람들의 마음속에 불신과 배신의 씨를 심고, 심지어 그것을 지혜의 토대인 양 여기게 한다. 힘과 용기를 갖춘 국민에게, 법률의 불확실성은 결국에는 제거될 것이다. 하지만 자유로부터 노예로, 노예로부터 자유로의 부단한 부침을 거듭한 이후에야 비로소 제거될 수 있을 것이다.

42

지 식

여러분은 범죄를 예방하기를 원하는가? 자유가 지식(계몽)을 동반하게 하라. 지식이 확산될수록 지식에 수반된 해악은 줄어들고, 그 유익함은 날로 늘어난다. 보통 사람들을 넘어서는 대담한 사기꾼은 무지한 사람들의 감탄을 받지만, 계몽된 인사들에게는 경멸의 대상일 뿐이다. 지식은 다양한 관점으로 사물을 이해할 수 있게 함으로써 대상 간의 비교를 용이하게 한다. 지식은 한 감정을 다른 감정과 대조시켜 각자를 수정할 수 있도록 한다. 이는 특히 타인이 자신과 같은 관점을 갖고 있고 같은 어려움에 처해있음을 인지하게 될 때 훨씬 쉽게 이루어질 수 있다.

한 국가에 지식이 광범하게 확산될수록 무지의 먹구름이 걷히고, 건전한 이성에 의해 정당화될 수 없는 권력은 전율한다. 반면 법률의 힘은 흔들림 없이 확고해진다. 계약을 위해 개인 스스로 포기한 근소한 분량의 쓸모없는 자유와 타인들이 희생한 모든 자유의 총량을 비교할 경우, 계몽된 인간 가운데 공공안전을 보장할 명료하고도 유용한 공적 계약을 선호하지 않을 자는 없다. 법률의 제약이 없었더라면 타인들의 자유는 자신을 향해 칼날을 들이댔을 지도 모르는 것이다. 잘 정비된 법전을 대하면서 그가 상실한 자유란 단지 타인을 해칠 수 있는 유해한 자유일 뿐임을 발견하게 될 때, 감수성을 가진 자라면 그런 법을 제정한 군주와 그 법을 축복하지 않을 수 없는 것이다.

학문(과학)이 언제나 인류에 유해했다고 주장하는 것은 결코 진실이 아니다. 학문이 유해했던 경우가 있었다면 어쩔 수 없어서 그랬을 것이며 그것은 불가피했던 것이다.[1] 지구상에 인류의 증식은 전쟁을 불러일으켰고 조잡한 형태의 기술과 원초적인 법을 만들어냈다. 이때의 법은 일시의 필요로부터 생겨났고 그 필요가 없어지면 소멸하는 잠정적 계약이었다. 이것이 인류의 최초의 철학이었다. 그 중에서 정당한 부분은 근소했으나, 원시인들의 나태함과 지혜의 부족은 그 원시인들을 오류로부터 보존하는데 기여했다.

그러나 인류의 수가 늘어날수록 필요물 역시 날로 증가하게 되었다. 따라서 비사회적인 원초 상태로 거듭 복귀하려는 것을 방지하기 위하여 한층 강력하고도 지속적인 인상이 필요하게 되었다. 허위의 신성(神性)으로 지상을 채우고 가시적 창조물을 다스리는 비가시적 존재의 세계를 창조한 이 원초적, 종교적 오류는 우리 인류에 큰 혜택, 다시 말해 하나의 큰 정치적 혜택을 안겨주었다. 인류를 대담하게 속여 무지하고 순종적인 대중들을 신의 제단으로 인도해낸 자들은 인류의 은인이었다. 감각의 세계를 넘어선 목적—도달할 수 있다고 느끼는 순간 자기 손에서 벗어나버리는 목적, 결코 이해될 수 없기에 경멸되어본 적도 없는 그러한 목적—을 대중들에게 제시함으로써, 이 사기꾼 은인은 사람들의 분열된 욕망을 통합시키고, 그들의 관심을 단일한 목적에 집중시켰다. 이는 미개 집단으로부터 형성된 모든 국가가 겪었던 첫 번째 사건이었다. 이것이 대사회의 형성기의 사건이었으며, 그들을 결속시키기 위해 필요한 유대, 아마도 유일한 유대관계였다.

여기서 나는 신의 선택된 백성에 대해 말하고 있는 것은 아니다. 그들에게는 가장 특이한 기적들과 가장 뚜렷한 은총의 표지가 인간정치를 대신하였던 것이다.

그러나 오류는 무한히 자기분열하는 속성을 갖고 있기에, 오류에 근거한 지식은 사람들을 맹목적이고 광신적인 무리로 변질시키고, 밀폐된 미로 속에서 서로 다투고 중상하게끔

한다. 그리하여 민감하고 철학적인 지식인 중에는 오히려 지나간 미개상태를 그리워하는 이들도 생겨나게 되었다. 그것은 지식, 보다 정확히 말하자면 의견들이 유해하게 작용하는 역사의 첫 단계의 모습이다.

제 2 단계는 오류로부터 진리로, 암흑으로부터 광명으로 나아가는 무시무시하면서도 힘든 단계이다. 이 단계에는 소수의 권력자에게 쓸모있는 오류와 대다수 약자들에게 봉사하는 진리 사이에 격렬한 충돌, 그러한 상황에서 생겨나는 열정들의 결집과 선동들로 인해 인류의 고통에다 이루 헤아릴 수 없는 해악을 더한다. 역사의 큰 흐름을 일정한 기간이 경과한 뒤 돌이켜보면 큰 줄기에서 서로 닮아있음을 알 수 있다. 여러 나라의 역사를 깊이 성찰하는 자라면, 무지의 그늘로부터 진리의 광명으로, 그리고 압제로부터 자유로의 이행과정 — 고통스럽지만 필연적인 과정 — 에서, 그 자손들의 행복을 위해 한 세대 전체가 희생당해야 했던 일들을 자주 발견한다.

그러나 사람들의 마음이 진정되면서 사람들을 불태운 화염이 사그라지고 세계가 그 사악함으로부터 벗어나게 되면, 진리가 자리잡는다. 진리는 처음에는 서서히, 그러나 점차로 가속적으로 진전되면서, 군주의 왕좌와 나란히 하고 공화국의 의회에서 받들어지며 그 자신의 제단을 갖게 된다. 이럴 때 대중을 일깨우는 진리의 광명이 암흑보다 더 해롭다고 누가 감히 주장할 수 있겠는가? 사물의 단순하고 정직한 관계를 잘 이해하는 것이 인류에게 재앙을 초래할 것이라고 누가 감히 주장할 것인가?

맹목적 무지는 혼란스러운 어중간한 지식보다 덜 치명적이다. 왜냐하면 어중간한 지식은 완전무지의 해악에다가 진리의 한계에 대한 협소한 시야를 지님으로 인해 피할 수 없는 오류까지 더하기 때문이다. 그렇다면 한 주권자가 그 국민들과 자기 자신에게 줄 수 있는 최상의 선물은 계몽주의자를 신성한 법의 후견인 및 관리자로 삼는 것이다. 계몽주의자는 진리를 직시하는 데 익숙하며 진리에 대한 어떤 두려운 감정도 갖고 있지 않다. 그는 사회적 평판을 얻고자 하는 욕구로부터 초연하다. 사실 그런 평판이란 거의 충족될 수 없으며 대다수 사람들의 덕성을 시험대에 올리게 되는 것이다. 그는 가장 고상한 지점으로부터 인간성에 대해 성찰하곤 한다. 그의 관점에서 보면, 그 국민들은 형제애로 결합한 한 가정이다. 그의 시야에 있는 인류의 수가 많을수록, 권세가와 평민을 구분하는 거리는 그에게 하찮은 것으로 여기게 된다.

철학자들은 속인이 알지 못하는 욕구와 이해관계를 갖고 있다. 무엇보다 철학자는 사석에서 역설했던 원칙을 공개석상에서 뒤집지 않는다. 그들은 진리 그 자체를 사랑하는 습관을 갖고 있다.[2] 그런 사람들을 잘 선별하는 것은 그 나라의 축복이다. 그러나 좋은 법을 통해 현명한 철학자들을 늘리고, 잘못된 선택의 가능성을 줄여가지 않으면, 그러한 축복도 일시적인 것으로 그치고 말 것이다.[3]

43

재 판 관

범죄를 예방하는 또 다른 방법은 법집행을 책임진 자들이 법을 부패시키는 것이 아니라 법을 준수하는 데서 이익을 얻도록 하는 것이다. 재판을 담당하는 자들의 수가 늘어날수록, 법률을 남용할 위험은 줄어든다. 서로 감시하는 공직자들을 매수하기란 훨씬 어려울 것이기 때문이다. 또한 그들의 사적 이익을 강화하려는 재판관의 이해관계는 그들 각자에게 귀속되는 권력의 몫이 적어지는 만큼 감소할 것이다. 반면 특히 매수와 같은 일을 감행할 때 따를 위험성은 오히려 커진다.

자기과시와 허식을 통해, 엄정한 칙령을 통해, 억압받고 있다고 믿고 있는 자들의 청원에 대한 심리를 거부함을 통해 주권자는 그 신민들로 하여금 법률보다는 재판관에 공포감을 갖도록 할 수 있다. 그 경우 신민들이 그 공포감으로부터 얻을 수 있는 사적·공적 안전보다는, 재판관들이 얻을 이익이 더 클 것이다.

44

포 상

범죄를 예방하는 또 다른 방법은 덕성을 포상하는 것이다. 이 문제에 대해서는 모든 나라의 법률이 공통적으로 침묵하고 있음을 본다. 유용한 진리를 발견한 자에게 학술원이 수여하는 포상[1]이 우리의 지식을 증진시키고 양서의 수를 늘린 것과 마찬가지로, 군주의 온정어린 손으로 수여하는 상이 덕행을 고취하지 않겠는가? 현명한 군주가 수여하는 명예의 상금은 고갈될 수 없는 것이며, 풍부한 결실을 맺을 것이다.

45

교　　육

마지막으로 범죄를 예방하는 가장 확실하면서도 어려운 방법은 교육의 완성에 있다. 이 주제는 너무도 광범위한 것이어서 내가 설정한 논의의 범위를 넘어선다. 감히 덧붙이자면, 이 주제는 정부의 성격과 매우 긴밀히 관련되어 있어 사회적 행복을 구가할 먼 미래가 되기 전에는 오직 소수의 현자들에 의해서만 개척될 수 있는 불모지로 남아 있을 수밖에 없다. 그를 박해한 세계를 계몽시킨 한 위인은 인류에게 진실로 유익한 교육의 기본원리가 무엇인지를 상세히 밝혀주었다.[1] 즉 교육은 주제를 세심하고 정확하게 선택해야 한다. 도덕적・물리적 현상을 다룰 때 언제나 모사물(模寫物)

이 아닌 원본을 청소년의 마음속에 제시해야 한다. 청소년을 덕으로 인도할 때는 감정이라는 손쉬운 과정을 통해야 하며, 악으로부터 멀어지게 하는 데는 그 악이 초래할 필연적인 불편의 불가항력적인 힘에 의거해야지 강제라는 불확실한 방법을 써서는 안 된다. 강제는 오직 가장된 복종을 그것도 일시적으로 얻어낼 뿐이다.

46

사 면

형벌이 보다 관대해질수록 용서와 사면은 불필요하게 된다. 용서와 사면이 위험한 것으로 간주될 나라는 행복하리라! 사면은 군주로서의 제반 의무를 이따금씩 보완해왔던 하나의 덕성이다. 그러나 형벌이 관대하고 재판이 신속하고 규칙적으로 이루어지는 완전한 법전 하에서는 배척되어져야 한다. 법률이 불합리하고 형이 야만적일수록 용서와 사면은 불가피할 것이기에, 무질서한 형사사법제도 하에서 살아가고 있는 사람들에게 이러한 진리는 매우 가혹한 것으로 여겨질 것이다.

사면권은 왕좌에 수반된 가장 고상한 특권이며, 주권의 가장 바람직한 속성이다. 그러나 동시에 공공복지의 자애로운 관리자가 법전에 대한 암묵적인 비난을 보여주는 셈이다. 법전은 수많은 결함에도 불구하고 수세기에 걸쳐 누적된 전통, 풍부하고 인상적인 주석서, 엄숙한 의식과 절차, 여러 학자군의 지원 등을 자기편으로 하고 있다.

유념할 것은 관대성은 입법자의 덕목이지, 법집행관의 덕목이 되어선 안 된다는 사실이다. 관대성은 특정 판결에서가 아니라, 법전 가운데에서 빛나야 한다. 범죄가 용서될 수 있다거나, 형벌이 범죄의 필연적인 결과는 아닐 수도 있음을 보여주면, 이는 자기가 처벌되지 않을 수도 있겠구나 하는 불처벌의 요행심을 불러일으킨다. 반면 수형자들은 자신이 처벌받지 않을 수도 있는데도 처벌받았다고 믿고는 그 처벌을 정의의 발로로 생각하기보다는 폭력적인 권력행사로 간주할 것이다. 사면을 통해 군주는 한 개인을 선호하여 공적 안전을 포기하는 것이다. 그는 아직 깨이지 못한 자비심의 사적 행위를 통해 불처벌의 공적 칙령을 제정하는 셈이다.[1]

법은 엄정해야 하며, 재판관들은 개별적 사안에서 엄정하게 법을 시행해야 한다. 그러나 입법자는 온화하고, 관대하고 또 인도적이어야 한다. 입법자는 자애의 토대 위에 건물을 올리는 숙련된 건축가가 되어야 한다. 그는 개개인의 이익의 결과가 곧 공공이익이 되도록 해야 한다. 그렇게 되면 그는 편파적인 법률과 소란스런 해결책을 갖고 개개인의 이익으로부터 공공의 이익을 분리해내야 할 필요가 없으며, 공포와 불신 위에 공공복리의 이미지를 수립해야 할 필요도 없다. 깊이 있고 감수성을 갖춘 현명한 철학자처럼, 입법자들은 그의 형제동포들에게 행복의 작은 몫, 즉 신이 향유할 것을 허락한 바의 행복의 몫을 평화롭게 향수할 수 있도록 해주어야 한다.

47

결론

다음과 같은 성찰로 결론을 내리고자 한다. 형벌의 가혹성은 그 국가의 상태와 비례한다. 야만성을 거의 탈피하지 못한 국민들에게는 훨씬 강력한 인상이 요청되어지는 까닭에 그 형벌은 가장 가혹하게 될 것이다. 총소리 정도에는 오히려 자극을 받는 흉포한 사자를 쓰러뜨리기 위해서는 뇌성벽력이 필요하다. 그러나 사회상태의 변화에 따라 인간정신이 보다 순화될수록, 감수성이 증대된다. 대상과 감각 사이의 관계가 일정하게 유지되려면, 감수성이 증대됨에 따라 형벌의 가혹성은 축소되어지지 않으면 안 된다.

여태껏 살펴본 바로부터 우리는 매우 유용한 공리를 추출할 수 있다. 다만 이 공리는 여러 나라의 통상적 입법자라 할 수 있는 관습과는 거의 어울리지 않는다. 그 정리는 다음과 같다.[1]

형벌은

- 어떤 경우에도 일개 시민에 대하여 일인 혹은 다수가 저지르는 폭력행위로 되어서는 안 된다.
- 공개적이고, 신속하며, 필요한 것이어야 한다.
- 주어진 사정 하에서 가능한 최소한의 것이어야 한다.
- 범죄에 비례해야 한다.
- 성문의 법률에 의해 규정되어야 한다.

〚역자 주〛

새 번역판에 부쳐

1 이수성 · 한인섭, 『범죄와 형벌』, 길안사, 1995.

독자에게

1 이 장은 초판에 대해 이루어진 비판, 그 중에서도 특히 베네치아 공국의 수도사 페르디난도 파치나이(Ferdinando Facchinei)의 비판에 의해 촉발되어진 것이다. 파치나이는 벡카리아의 저서 중 6군데에 반역죄를, 23군데에 불경죄를 걸어 비난했다. 벡카리아는 이러한 반역죄와 불경죄에 대한 비판을 반박하면서, 자신의 저술을 옹호하고 있다.

2 비잔틴 제국 황제 유스티니아누스 1세(제위기간 서기 527-565). 로마법대전(Corpus Juris Civilis)을 집대성함. 이 대법전은 중세기 서유럽에 전래되었고, 벡카리아의 시대에는 대부분의 대륙법체계의 토대가 되었다.

3 게르만족의 일파인 롬바르드족은 568년 이태리를 침공하여, 파비아 등 북이태리 지역을 지배하였다. 그들의 관습법은 기독교 개종 후 Edictum Rotharis(643년)으로 편찬되었고, 후일 밀라노 지역의 법학의 기초가 되었다.

4 Benedikt Carpzov(1595-1666)는 독일 라이프찌히의 법률가. 작센법과 로마법, 중세교회법인 캐논법을 체계화하여 독일법의 초석을 놓음, 형법 분야에서 가장 중요한 것으로는 그의 Practica nova imperialis saxonica criminalium(1635).

5 Giulio Claro(1525-1575)는 이태리의 법학자. 범죄학자이며, 주저는 Receptae sententiae(1570)이다. 그 책의 대부분은 형법을 다룬 것이다.

6 Prospero Farinacci(1544-1618)는 형벌학자이자 뛰어난 변호사였으며, 교황 바오로 5세 밑에서 검찰총장을 하기도 했다. 당시까지의 법률가들의 의견을 체계화하여, 권위있는 주석서를 만들어냈다는 점에서 카프조우, 클라로 등과 같은 평가를 받을 수 있다. 이들은 실제로 형사절차의 야만성을 완화하기 위해 노력했지만, 로마법과 절연하지 않았고 고문과 같은 관행을 비난하지 않았다.

7 여기서 현정부란 롬바르디아를 다스렸던 오스트리아를 말한다. 마리아 테레지아(1740-1780), 요셉 2세(1780-1790), 그리고 레오폴드 2세(1790-1792) 국왕이 이끄는 오스트리아 정부는 일련의 개혁에 착수했고, 벡카리아와 그의 동료들은 그러한 개혁에 열성적으로 협력하고자 했다.

8 여기서는 우선 Facchinei 수도사를 주로 겨냥하고 있다.

9 Thomas Hobbes(1588-1679)는 사회계약설의 입장에서 군주주권론을 변호한 영국의 정치사상가이다. 원시상태를 만인의 만인에 대한 전쟁(bellum omnium contra omnes)으로 가정하고, 그 전쟁을 종식시키기 위한 개개인의 권리의 양도를 주권으로 설명한다. 주저는 Leviathan(초판은 1651년).

10 정치적 공동체의 성립근거로서 사회계약설은 그리스의 소피스트와 에피쿠루스 학파에까지 소급한다. 홉즈, 로크, 루소는 벡카리아의 사회계약론의 지적 바탕을 제공한 셈이며, 공리주의 사상은 헬베티우

스로부터 주로 영향받았다.

[11] 이 답변서는 1765년 익명으로 출간되었다. 여기서 벡카리아는 이 답변서를 자신이 쓴 것으로 서술하지만, 실제로는 그를 대신하여 베리 형제가 쓴 것으로 인정된다.

서론

[1] "La massima felicita divisa nel maggior numero"이 유명한 명제는 고대 그리스의 쾌락주의 윤리관에서 기원하지만, 대단히 많은 문헌에서 언급되어져 있다. 벡카리아 자신은 피에트로 베리의 저술 중 '가능한 가장 평등하게 분배되어지는 최대행복'이란 표현에서 따온 것으로 보인다. 후일 벤담의 유명한 '최대다수의 최대행복'은 벡카리아의 이 장에서 따온 것이다.

[2] 장 자크 루소(Jean Jacques Rousseau, 1712-1778)를 지칭함.

[3] 18세기의 계몽사상가들은 자본주의적 경쟁을 허영을 추구하는 전쟁에 대한 대안으로 자본주의적 경쟁을 찬미하는 것이 보편적 경향이었다. 피에트로 베리는 경제적 경쟁은 문명인들이 수행해야 할 '진정한 전쟁'으로 묘사하기까지 했다.

[4] 몽테스키외는 형사절차상의 많은 개혁을 역설했다. 보다 관대하고 인도적인 형벌 및 사법적 고문의 폐지는 그 대표적인 예이다. 그러나 몽테스키외가 귀족의 권리와 중간적 · 매개적 계급(즉 귀족)의 권력을 옹호한 데 반해, 벡카리아는 계몽적 전제주의를 옹호하고 있다. 또한 벡카리아는 몽테스키외의 '페르샤인의 편지'(1721)를 읽고 철학에 경도되었다고 고백한다. 또한 그의 '법의 정신' 제 6 장은 범죄자의 '마그나 카르타'라고 불리고 있다. 벡카리아의 저작과 계몽사상 일반과의 관계에 대하여는 P. Jenkins, "Varieties of Enlightenment

Criminology," The British Journal of Criminology 24(1984): 112-130 참조.

1

1 이러한 관점은 공리주의적 형벌권이라 할 수 있다. 그에 대해 후일 헤겔은 '법철학'에서 비판한 바 있다. 헤겔에 따르면 형벌을 일반예방, 혹은 예방적 '위하'(威嚇, threat)로 이용하는 것은 자유롭고 평등한 인간간의 정치적 결사체에서 정당화될 수 없다. "형벌의 정당화를 위하에서 찾는 것은 형벌을 마치 개에게 몽둥이를 쳐드는 행위와 다를 바 없다. 그것은 인간을 하나의 인격체로써 받아야 할 자유와 존경심을 갖고 대하는 것이 아니라, 한 마리의 개처럼 취급하는 것이다. 그 같은 위하는 그것의 공포적 효과에도 불구하고 인간으로 하여금 자신의 자유를 시위하도록 촉발할 것이며 정의를 송두리째 포기하도록 유도할 것이다."

2

1 정치사회를 단지 개인적 자유에 대한 제약이며 감내하지 않으면 안 될 일종의 필요악으로 보는 이 같은 부정적 견해는 물론 루소의 주장과 맥을 같이한다. 루소의 '사회계약론' 중의 '근본문제' 참조. 거기서 루소는 "개개의 성원들은 아직도 자신에게만 복종하며 자신의 원초적 자유를 보유하면서 각인의 인신과 재산을 방위하기 위한 결사형태를 찾아내는 것"을 사회계약의 근본문제라 지적한다.

2 몽테스키외의 '법의 정신'에는 다음의 구절이 발견된다. "홉즈는 '인간들이 자연적으로 둘 때 전쟁상태 속에 살아가지 않는다고 한다면, 무엇 때문에 무장하고, 자기 집을 걸어 잠글 자물쇠를 지니려고 하

는가' 그러나 현실로 일어날 수 있는 일에 대해 홉즈가 사회제도 이전의 인류의 탓으로 돌리는 것인지, 아니면 사회제도의 결과로써 적대적인 공격과 자위동기로써 무장하게 되는 것인지는 분명치 않다… 인간이 사회상태에 들어서자 말자, 그는 자신의 취약성에 대한 감각을 잃어버린다. 평등은 사라지고, 그 다음에 전쟁상태가 개시된다."

3 사회계약에 대한 벡카리아의 설명은 루소가 말하는 권리의 완전한 포기와는 사뭇 다르다. 그의 설명은 오히려 로크의 견해와 유사하다. 로크는 주권은 순수하게 신탁된 것이며, 국가를 형성하는 인민은 단지 최소한의 자유만을 포기할 뿐이라는 것이다. 로크의 '시민정부 이론' 참조.

3

1 벡카리아에게 커다란 영향을 끼친 준 루소는 일반의지를 대표하는 주권만이 법률을 제정할 권한을 갖는다고 주장하였다. 루소의 '사회계약론' 참조.

2 '의무'란 용어는 어떤 분야에서 보다 윤리의 세계에서 자주 쓰여진다. 그것은 일련의 추론을 약칭하는 것이지 어떤 관념의 표시는 아니다. '의무'라는 말에 상응하는 관념을 찾으려 하면 그러한 관념을 찾을 수 없을 것이다. 그러나 '의무'를 추론해보면, 그를 이해할 수 있고 타인이 납득할 수도 있을 것이다.

3 루소에 따르면, 일반의지 즉 주권적 입법자는 법을 제정할 수만 있고 구체적인 사건에 적용할 수는 없다고 하였다. 사안에 법을 적용하는 일은 법관의 업무라는 것이다. '사회계약론' 참조.

4

1 이 장 전체는 벡카리아의 생존당시 일반적인 무제약적 사법 재량행위를 비판하고 있다. 당시 유럽제국의 법제는 대부분 로마법, 관습, 국왕의 칙령, 각종 주석서, 법원의 선례 등으로 뒤얽혀 있어, 법관은 어떠한 법이 누구에게 적용될 것인가에 대한 거의 완전한 권한을 지니고 있었다.

볼테르는 이러한 문제상황을 프랑스의 법률개혁작업에서 발견하였다(Peter Gay, Voltaire's Politics: The Poet as Realist(NY, 1965), pp. 294-296 참조). 그러나 보수주의자들은 폭넓은 해석의 여지로 인해 상류층의 온정주의적 가부장권이 행사될 수 있었다고 하여 이를 옹호하였다.

2 몽테스키외는 귀족정치가 과두정치로 타락한 것을 강력히 비난하였다. 그는 과두정치란 많은 압제자가 있는 전제정치로 보았기 때문이다. Montesqieu, '법의 정신' 참조. 반면 벡카리아가 몽테스키외의 주제를 발전시키고자 했으나, 그는 분명히 귀족정치, 특히 밀라노 귀족계급의 구세대를 공격대상으로 삼았다. Daniel M. Klang, "Reform and Enlightenment in Eighteenth-Century Lombardy," Canadian Journal of History/Annales Canadiennes d'Histoire 19(1984): 39-70.

5

1 벡카리아 당시의 유럽법률의 대부분은 라틴어로 공표되었다. 오스트리아 女帝 마리아 테레자의 1770년 형법전은 라틴어로 제정되었고, 이는 Nemesis Teresiana라 명명되었다. 심지어 벡카리아 사후 수십년

이 지난 시점에서도 법률을 죽은 언어로 표현하는 관행에 대한 헤겔의 개탄을 접할 수 있다. 헤겔의 '법철학' 참조.

2 이 표현은 몽테스키외를 겨냥한 것이다. 군주에게는 법률의 관리자로써 특별한 중간 기구를 필요로 한다는 것이 몽테스키외의 주장이었다. 그는 이러한 중간기구의 예로 프랑스의 의회(parlements)나 밀라노의 원로원(Senate) 등을 지적한다. '법의 정신' 참조.

3 18세기의 문인들은 부와 사치의 성장을 미덕의 근원이라고 옹호하였다. 헬베티우스는 물론 벡카리아의 정신적 지주였던 피에트로 베리 역시 사치를 적극 옹호하였다.

4 일반적으로 이탈리아 보수주의자와 특히 기성의 롬바르드 귀족집단들은 18세기를 주로 '부패'의 시대로 간주하곤 했다. 경제적 번영과 알프스이북의 계몽주의의 유입을 그 이유로 들곤 했는데, 그러한 관점에 대해 피에트로 베리는 "Orazione panegirica sulla giurisprudenza milanese"(1763)에서 풍자한 바 있다.

6

1 벤담은 후에 이 주제를 매우 상세하게 취급하고 있다. 그의 '도덕과 입법의 제원리' 참조.

2 몽테스키외는 로마사를 분석하면서, 영토의 과도한 팽창으로 인하여 공공적덕목이 쇠퇴하였음을 지적한다. 그의 '로마의 흥망의 원인에 관한 고찰' 참조.

3 몽테스키외는 다음과 같이 말했다. "형벌상호간의 비례성은 경미한 범죄보다 중대한 범죄를 막기 위해, 사회에 사소한 피해를 주는 범죄보다 사회를 공격하는 범죄를 막기 위해서는 필수적인 것이다 … 강도죄와 살인죄를 동일한 형으로 벌하는 모스크바에서는 살인이

다반사로 발생한다. 그들의 표현을 빌자면, 죽은 자는 말할 수 없기 때문이라는 것이다." 그의 '법의 정신' 참조.

7

1 헤겔은 형벌권(the right to punish)에 대한 공리주의적 기초를 거부했지만, 범죄의 사회적 해악이 그 범죄의 상대적 중요성을 측정하는 유일의 방법이라고 주장하는 점에서 벡카리아와 의견을 같이한다. 특정범죄의 효과는 상이한 시간 · 장소에서 상이하게 나타날 것이기 때문에 특정범죄의 상대적 중요성은 매우 다양할 수 있다는 입장을 견지했다. 헤겔의 '법철학' 참조.

2 벡카리아의 시대에 교회와 국가는 밀접히 관련되어 있었다. 따라서 법률적 범죄(crime)와 종교적 죄악(sin) 간에도 구분이 거의 없었다. 보수주의자들은 일반적으로 종교가 사회질서를 유지하는 데 필수적이라고 주장하였다. 파치나이의 견해 역시 그러한 기조 위에 있다.

3 몽테스키외는 "우리는 신성을 존중해야 한다. 그러나 결코 신을 위해 복수를 해서는 안 된다. 사실 신을 위한 복수의 관념에 이끌리게 된다면, 과연 형벌의 목적은 무엇이 되는가? 인간의 법률이 무한한 존재(즉 신)를 위해 복수해야 한다면, 그 법은 신의 무한성에 의해 규정되어야지, 취약하고 무지하며 변덕스러운 인간성에 좌우되어서는 안 될 것이다"고 하였다. '법의 정신' 참조.

8

1 이 표현은 자유를 "법이 허용하는 모든 것을 할 수 있는 권리"로 정의한 몽테스키외로부터 시사받은 것이다. '법의 정신' 참조.

[2] 인간의 완전히 동물적인 자연적 자유에 대한 이러한 견해는 루소의 '인간불평등기원론' 및 '사회계약론'에서 표명된 것이다.

9

[1] 칸트는 후에 명예에 관한 논란은 관련 당사자를 일종의 자연상태에 위치하는, 법적 정의 밖에 있는 문제라고 함으로써 벡카리아와 유사한 견해를 피력하고 있다. 칸트의 '정의론' 참조.

[2] 몽테스키외는 명예 — 자신의 가치와 지위에 대한 자긍심 — 를 군주제에 있어서 근본적인 중요성을 갖는다고 하였다. 그러나 그는 자의적 전제정이나 공화정에서 명예가 어떤 중요성을 갖는다고 생각하지 않았다. 벡카리아는 몽테스키외의 분석을 수용하였다. 그러나 그는 몽테스키외보다 군주정·귀족 그리고 명예에 대하여 훨씬 낮게 평가하고 있었다.

10

[1] 칸트는 명예를 손상시킨 상대방에게 결투를 청하여 죽인 젊은 군장교가 살인을 범했다고 말할 수 없다는 견해를 취하였다는 점에서 벡카리아와 일치하였다. 명예에 관한 분쟁을 기존의 법과 제도가 허용하고 장려하면서도 기존의 법이 명예를 손상당한 측을 위해 아무런 해결방법을 제공하지 않는 한, 결투행위를 형사처벌할 수는 없을 것이다. 칸트의 '정의론' 참조.

11

1 베리 써클의 다른 회원들과 마찬가지로 벡카리아도 외국의 계몽사상을 후진적인 이태리에 도입하는 것을 자신의 임무라고 생각했다.

2 존 아담스(John Adams)는 1770년 보스턴 학살사건의 재판에서 (미국민의 여론에 배치되는) 영국 군인들의 무죄를 변론하면서 이 문장을 아주 효과적으로 인용하였다. Marcello Maestro, Cesare Beccaria and the Origins of Penal Reform(Philadelphia, 1973) 참조.

12

1 벡카리아는 형벌의 목적에 대해 가장 공리주의적 입장을 취하고 있다. 벤담은 벡카리아의 견해를 그대로 따랐다. 반면 칸트와 헤겔은 공리주의적 관점에 대해 개탄한다. 벤담의 '도덕과 입법의 제 원리', 칸트의 '정의론', 헤겔의 '법철학'은 이를 다루고 있다. 형벌은 신체적 고통을 최소화하면서 정신에 최대의 충격을 줄 수 있어야 한다는 벡카리아의 입장에 대한 분석은 미셀 푸꼬의 '감시와 처벌' 참조.

13

1 이러한 추론이 얼마나 박약한가 하는 점은 1630년의 한 사건을 통해 볼 수 있다. 당시 밀라노의 역병의 창궐에 대해 일부 사람들이 페스트 연고를 벽에 칠함으로써 페스트를 퍼뜨렸다는 죄목으로 소추되어 유죄판결을 받았다. 그들이 그러한 쓸데없는 사악을 자행할 어떤 그럴듯한 동기도 없었으며, 제출된 증거라는 것도 (무시무시한

형벌의 고통이 뒤따르지 않았다면) 모두가 웃어넘길 정도의 증거에 지나지 않았다.

2 몽테스키외는 마술죄 명목의 고소의 근거를 삭감시키기 위해 한 장을 할애했다. 하지만 18세기 중엽 당시만 해도 많은 나라에서 마술죄는 법적 범죄로 규정되어 있었기 때문에, 그의 비판은 다소 우회적이었다. '법의 정신' 참조.

3 헬베티우스는 비밀결사의 유해한 영향에 대하여 몇 개의 장을 할애하고 있다. '정신론' 참조. 벡카리아는 여기서 헬베티우스의 견해에 호응하고 있다.

4 몽테스키외는 발언을 범죄로 하는 것, 특히 불경죄(lese majesty)에 강력히 반대하였다. 벡카리아의 이러한 서술은 몽테스키외의 글을 염두에 두고 있었던 것 같다.

14

1 배심재판에 대한 벡카리아의 찬사는 영국의 배심제 운용에 대한 몽테스키외의 긍정적 평가에 의거하고 있다. 다만 영국의 판사는 배심원이 사실관계를 평결한 후 단지 법정된 형벌을 선언하는 역할만 담당한다는 몽테스키외의 지적은 부정확한 것이다. '법의 정신' 참조.

15

1 벡카리아는 부인하고 있지만, 이 장은 베네치아 정부를 직접 겨냥한 것이다. 베네치아에서 국가 심문관들은 과두정체에 대한 반대음모를 예방하기 위하여 선동적이거나 야심있는 시민에 대한 밀고를 접수하였다. 이 장은 베네치아 당국의 후원 하에 파치나이 수도사

(Facchinei)가 벡카리아에 대해 통렬한 비난의 글을 쓰도록 자극한 대표적인 내용 중의 하나이다.

몽테스키외 역시 베네치아의 이러한 관습에 대하여 자세하게 썼다. 그러나 그는 베니스 공화국의 자유를 보전하기 위하여 밀고가 필요하다고 하여, 밀고를 찬양하였다. 벡카리아는 밀라노 출신으로 몽테스키외보다 더 베네치아에 가까왔지만 베네치아의 이러한 관행을 혹평하였다.

2 몽테스키외는 다양한 정부에서 이루어지는 여러 고소방법을 쓰고 있다. '법의 정신' 참조.

16

1 이 장은 「사형」과 함께 벡카리아의 가장 유명한 주장을 이룬다. 벡카리아 이전에 이미 몽테스키외는 당시 유럽대륙에서 보편적으로 행해지고 있던 사법적 고문을 개탄하였다. 몽테스키외는 고문이 전제정에서나 적합한 관행이며, 강압적 자백이 아닌 신중한 수사만이 범죄자에 대한 증거를 수집하는 유일한 방법이라고 주장하였다. '법의 정신' 참조. 베리는 고문을 공리주의적 관점에서 비판하는 글을 쓰고 있었고, 벡카리아가 이 장을 집필할 때 필요한 역사적 전거와 관련 법률을 인용하는데 큰 도움을 주었다. 베리의 '고문에 관한 고찰'은 1777년 완성되어 그의 사후 1804년 출간되었다.

2 베리의 고문비판에서도 같은 논거가 제시되고 있다. 법적 확실성에 관한 새로운 기준을 도입하려는 계몽주의적 개혁가의 노력 일반에 관하여는 푸코(Foucault), '감시와 처벌' 참조.

3 로마의 법률가들과 철학자들은 사법절차에서 고문의 남용, 심지어 고문 자체에 대해서 유창한 반대입장을 폈다. 예컨대 키케로, 세네

카, 퀴틸리언, 울피아누스 등의 고문(남용) 반대론은 베리의 저작에서 인용되고 있기도 하다. 다만 베리는 그들의 중요성을 과소평가했다. 또한 성 어거스틴의 '신국론' 19장 참조.

4 고문은 원래 평판이 좋지 않은 사람이나 타인을 고소한 사람에게 사용되었다. 고통은 인격을 신뢰할 수 없는 자의 증언에 신빙성을 부여할 수 있는 계기가 될 수 있다. 고문이 고소인뿐 아니라 피의자들에게 적용되었음은 말할 것도 없다.

5 고문은 11세기 이후 더욱 보편화되었다. 종교재판소는, 고문에 의해 얻어졌다고 하여도, 자백은 죄인의 영혼을 구원하는 데 필수적이라고 하였다. 그러나 이러한 관행은 신속하게 일반법정에서도 받아들여졌다.

6 한 우호적인 비평가가 지적한 대로, 벡카리아의 언어는 "때로 너무나 기하학적"이다. 쾌락과 고통을 수학적으로 계산하려는 경향은 무엇보다 벤담(Bentham)의 마음을 사로잡았다. 벤담은 이를 발전시켜 [행복=쾌락－고통]의 정식하에 주저인 '도덕과 입법의 제원리'를 썼다.

7 만쪼니(Manzoni)는 후에 로마에서 노예만을 고문하던 관행에 대하여 명쾌한 서술을 한 바 있다.

8 몽테스키외는 영국법제에서 고문이 없음을 언급하면서 이를 찬양하였다. '법의 정신' 참조.

9 스웨덴은 1734년 일반형사사건에 있어서 고문을 폐지하였다. 벡카리아를 정신적 스승으로까지 부른 구스타프 3세는 1772년에 이르러 고문을 완전폐지하였다.

10 프러시아의 프레데릭 2세를 지칭함. 계몽군주로 유명. 그는 1740년 왕위에 오르자 사법적 고문을 폐지하였다.

11 고문으로 인하여 자백한 피의자는 다른 시일에 고문기구가 보이지

않는 곳에서 그 자백을 확인하여야 한다는 것이 법률가들의 일반적인 견해였다. 법학자들은 이러한 방법으로 고문을 제한하려 하였다. 그러나 일반적으로 법학자들은 초기의 자백을 부인하는 자에 대해서 재차 고문할 수 있다고 주장하였다.

12 볼테르가 고문에 대한 벡카리아의 비판에 대체로 동조했지만, 특히 위험하고 잔인한 범죄자의 공범을 밝혀내기 위한 수단으로 고문을 사용하는 것에 대해서는 호의적이었다. 여기서 볼테르는 벡카리아의 핵심을 놓치고 있다. 즉 고문은 어떤 경우에도 비효율적이며, 자기방어라는 인간의 자연권에 위배된다는 것이다.

17

1 중세 초기 대부분의 형벌은 벌금이었다. 왕실 수입 중 벌금은 상당한 비중을 차지하였다. 18세기에 흄(David Hume)은 이 문제를 자세히 논하였다. 이에 관한 흄의 설명은 앵그로색슨 법을 다루는 저서에서 발견된다. Hume, History of England(Philadelphia, 1821), 제 1 권 참조.

18

1 벡카리아의 시대에는 피고인으로 하여금 법정에서 신에게 선서를 하고 자신에게 불리한 진술을 하도록 강요하는 것이 사법적 고문과 마찬가지로 일반적이었다. 몽테스키외를 비롯한 여러 저자들은 이러한 관행을 자기방어라는 자연권에 반한다고 비판했다. 벡카리아 역시 자기부죄(self-incrimination)의 강요를 비판했는데, 그것은 선서에 의한 것이든 고문에 의한 것이든 인간의 자기방어권에 반한 것이며

실용주의적 근거에서도 용납될 수 없다는 것이었다. 범죄자의 자백 강요에 대한 사회적 기능은 푸꼬(Foucault)의 '감시와 처벌' 참조.

19

1 '관념의 연합'(association of ideas)은 한 관념이 다른 관념과 갖는 연상적 관련성을 추구한다. 이 말은 영국의 존 로크가 처음 사용한 것이다. 18세기 후반부터 19세기에 이르기까지 관념연합론은 영국의 연상심리학에서 시작하여, 현대 심리학의 발전에 영향을 끼쳤다. 벡카리아는 범죄라는 관념이 형벌의 관념을 자동적으로 떠올려, 범죄를 심리적으로 억제할 수 있는 방안으로 관념연합론을 끌어 쓰고 있다.

20

1 몽테스키외는 대인범죄와 재산범죄간의 차이를 강조하여, 각각에 상이한 형벌이 과해져야 한다고 주장하였다. 여기서 벡카리아가 신체형(pene corporli)이란 말을 쓸 때 제한적 의미에서의 체형이 아니라, 재산상의 불이익이 아닌 범죄자의 인신에 영향을 미치는 제재를 의미한다. 이 맥락에서는 구금형도 일종의 신체형에 해당한다.

2 인간은 그 자체 목적으로 취급되어야 하고 결코 그 무엇을 위한 수단으로 취급되어서는 안 된다고 선언한 칸트는 벡카리아의 이러한 명제에 대해 찬양하였다. 같은 논지에 입각하여, 칸트는 가난한 자에 대하여 범죄를 저지른 부자가 단지 벌금으로 속죄할 수는 없다고 하였다. 칸트의 '정의론' 참조.

21

1 이 문장은 특권을 누리는 세습귀족층이 군주정에서 불가결하며, 주권자와 평민 사이에서 완충역을 귀족이 담당한다는 몽테스키외의 주장을 확실히 반박하고 있다. 벡카리아를 둘러싼 그룹들은 신분제의 귀족주의적 관행, 예컨대 토지를 영구 불가분·불가양으로 하는 관행 등에 대해 특히 적대적인 입장을 지니고 있었다. 이 같은 관행은 경제발전과 부의 유통을 저해한다고 주장하였다.

2 여기에서 표명되고 있는 평등주의적 개인주의 사상은 루소로부터 영향을 받은 것이다. 루소의 '사회계약론' 참조. 벡카리아의 많은 비판자들은 쥬네브인(루소)의 영향을 인정하고 있다. 파치나이는 벡카리아를 '이탈리아의 루소'라고 칭하였다. 물론 이러한 명칭은 찬사가 아니라 비난의 뜻으로 붙인 것이었는데, 역설적으로 벡카리아의 평판을 높이는 데 기여한 셈이다.

3 1791년 오스트리아를 위하여 준비된 비망록에서 벡카리아는, 귀족들은 명예를 각별히 중시하기 때문에 명예형(pene infamante)을 면제해야 함을 주장함으로써 평등한 형벌에 대한 종전의 주장과 다른 입장을 표명하였다. 자신의 견해를 현실적으로 반영하는 데 어려움이 반영되었을 것이다. 벡카리아와 그의 동료들이 원했던 형법개혁(및 그 한계)과 경제 정치개혁 간의 관계에 대하여는 Drew Humphries and David F. Greenberg, "The Dialetics of Crime Control," in David F. Greenberg, ed., Crime and Capitalism(Palto Alto, Cal., 1981) 참조.

22

1 벡카리아는 사유재산권이 사회적 권리이지 자연권이 아니며, 주권자는 공익에 부합할 경우 이를 제한할 수 있다고 주장하였다. 한 예로 '정치경제에 대한 강연'에서 그는 재산권이 절대적 권리라는 견해를 강력히 부정하고, 특히 주권자는 수목의 보존을 위하여 산림을 감시할 수 있다고 하였다. 그는 또한 주권자는 사회적으로 유해한 형태의 재산권 행사를 제한할 수 있다고 하였다.

2 벡카리아는 후에 태형(flogging)과 차꼬형(pillory) 등의 형벌을 본질적으로 품위를 저하시키는 형으로 보아 반대하였다.

3 몽테스키외는 이 점을 과소평가하였다.

24

1 이 장이 (무위도식하는) 정관적 수도원 질서에 반대하는 목적으로 쓰여진 것이 분명하다. 요셉 2세의 재임중에 오스트리아는 롬바르디아에서 모든 정관적 질서를 폐지하였다. 이 장이 수도사 파치나이의 분노를 특히 자극했음은 말할 나위도 없다.

2 여기서 벡카리아는 특히 피에트로 베리에 의해 주창된 계몽주의적 관점, 즉 사치는 바람직하며 경제적 경쟁은 전쟁에 대한 훌륭한 대안이라는 관점을 지지하고 있다. 한편 벡카리아의 비판자(예컨대 파치나이)는 이러한 경제적 덕목에 대하여 비판적이었으며, 종교적 · 군사적 덕목을 찬미하였다. 후자의 덕목에 대한 찬미는 전통적 엘리트의 특색이기도 하다.

25

[1] 유죄판결을 받은 범죄자의 재산몰수는 18세기에는 일반적이었다. 몽테스키외는 무차별적 몰수가 자의적이고, 무고한 자들에게 유해하며, 따라서 전제국가에서나 있을 수 있는 제도라고 개탄하였다. '법의 정신' 참조.

[2] 이러한 진술은 벡카리아가 철두철미한 공리주의자는 아님을 보여준다. 이는 칸트의 정신과 동일한 것이다. 칸트는 "사법적 형벌은 단순히 범죄자 자신의 다른 이익이나 시민사회의 이익을 위한 수단으로 사용되어서는 아니된다 … 범죄자에게 그 자신이나 다른 시민들을 위하여 형벌이 필요한지를 고려하기 전에 우선 그가 그 형벌을 받아 마땅한지가 우선 판단되어야 한다." '정의론' 참조.

26

[1] 이 장 전체는 롬바르디아 계몽주의의 "세대차이"를 반영하고 있다. 벡카리아의 아버지인 지오반니 벡카리아는 아들과 테레사 블라스코양의 결혼을 못마땅하게 여겨 젊은 벡카리아를 잠시 가택 연금하였고, 결국은 약간의 지참금만준 채 부자관계를 끊어버렸다. 후에 화해를 하기는 했지만 벡카리아는 자신의 아버지의 세계, 전통적 가부장세계를 거부하였고, 관습적으로 재가된 가부장권을 결코 받아들이지 않았다. 마찬가지로 베리도 그 부친의 보수적 · 법적 · 선례위주의 견해를 반박하였다.

[2] 많은 사회계약론자들은 실제로 사회는 개인의 결합이라기보다는 가정의 결합이라고 보았다. 홉즈의 '리바이어던', 로크의 '시민정부론'

참조.

3 모든 사회계약론자들 중에서 루소는 가족이 정치적 단위나 시민적 권위의 기초로서 기능할 수 있다는 생각에 가장 열렬히 반대하였다. 루소의 '사회계약론' 참조. 비록 그 정도는 미약하지만 로크도 마찬가지의 생각을 가졌다. 록크의 '시민정부론' 참조.

4 여기서 다시 한번 벡카리아는 로마의 쇠퇴에 대한 몽테스키외의 견해에 영향을 받고 있음을 보여준다. 몽테스키외의 '로마의 흥망에 관한 고찰' 참조.

5 루치우스 술라(Lucius Corneelius Sulla)는 기원전 82년부터 79년까지 로마의 군사독재자였다. 벡카리아의 이 문구는 베리에 대한 헌사의 뜻으로 쓰여진 것 같다. 일카페의 어떤 회원들은 자신의 성격과 유사한 역사상의 인물의 이름을 사용하는 경우가 있었다. 벡카리아는 온건하고 조용하며 학구적인 철학자인 티투스 폼푸니우스 아티쿠스(Titus Pomponius Atticus)의 이름을 땄다. 베리는 공직에 대한 야심과 절대주의의 옹호, 그리고 철저한 개혁의 도입을 바랐던 점으로 인하여 술라로 통했다. 벡카리아의 철학적 전제군주에 대한 묘사는 베리의 이상화된 형태라고 할 수 있다.

27

1 몇 차례에 걸쳐서 몽테스키외는 잔혹한 형벌은 공포에 기초한 것으로 전제국가에서나 어울리는 것이며, 과도한 형벌도 그러한 체제에서나 볼 수 있는 것임을 지적하였다. 페르샤인의 편지, '법의 정신' 참조.

2 거형, 즉 수레바퀴로 치거나 높이 매단 수레바퀴에 매달아 처형하는 것은 18세기 당시의 보편적 처형형태였다. 프랑스를 여행하던 한 영

국인은 이 같은 처형방식에 다음과 같이 기술하였다. “처형대 위에는 성 앤드류의 십자가와 똑같은 형태의 큰 십자가가 세워졌다. 사형집행인과 그 조수는 사형수의 팔다리를 뻗쳐서 십자가의 틀에 꼭 맞도록 꽁꽁 묶어 처형대 위에 놓았다. 각 팔다리 아래에는 눈금이 새겨져 있었는데, 그것은 집행인이 타격할 지점을 표시하고 있었다. 집행인은 커다란 쇠몽둥이를 들고서, 먼저 팔을 부러뜨렸고, 잠시후 넓적다리를 부러뜨렸다. 사형수가 단말마의 격통으로 몸을 들썩이는 광경은 아주 우울하고도 충격적인 장면이었다. 안면이 무섭도록 일그러지는 것을 보기에 너무나 끔직하였다. 상당한 시간이 흘러서야 그는 숨을 거두었다. Sacheverell Stevens, Miscellaneous Remarks Made on … France, Italy, Germany, and Holland(London, 1756) 참조. 이 서술은 Jeffery Kaplow, The Names of Kings: Parisian Laboring Poor in the Eighteenth Century, 1972에도 인용되어 있다.

3 로크는 ‘자연상태’의 법을 고찰하면서 다음과 같이 쓴 바 있다. “모든 범법행위에 대해서는, 그 행위가 범법자에게 손해보는 거래가 되도록 하고 후회할 명분을 제공하며 타인이 유사행위를 하지 않도록 공포감을 안겨주는 정도로 처벌하면 충분할 것이다.” ‘시민정부론’ 참조.

4 범죄이익을 능가하는 형벌의 손해를 산정하는 벡카리아의 논의는 후일 벤담에 의해 더욱 가공되었고, 벤담은 자신의 쾌락계산을 논하면서 벡카리아를 인용하고 있다. 벤담의 ‘도덕과 입법의 제원리’ 참조.

5 몽테스키외는 1721년에 이미 이 점을 정확히 지적했다. ‘페르샤인의 편지’ 참조.

28

[1] 사형폐지론을 논한 이 장은 가장 유명하며, 이 장의 내용만으로도 이 책은 불멸의 가치를 갖고 있는 것으로 평가된다. 일찍이 이와 가장 유사한 논의는 투기디데스의 '펠로폰네소스 전쟁사'에서 보여진다. 아테네에 반역한 미티렌느 시민에게 과할 형벌에 관한 아테네인들의 논전(427 B.C.)에서, 중형선고를 반대하는 이오도투스는 다음과 같은 반대논거를 폈다. "형의 잔혹성을 증대시키면 시민들이 악한의 손에 덜 고통당할 것이라는 희망하에서, 인간들은 온갖 형벌의 목록을 구사해왔다. 초기의 형벌은 최악의 범죄에 대해서도 비교적 관대한 편이었을 것이다. 그러나 세월이 흐르고 범죄가 이어지자, 사형을 하지 않을 수 없게 되었다. 더욱 범죄가 생겨나자, 훨씬 공포스런 형벌이 발명되지 않으면 안 되었다. 확실히 사형으로도 아무런 억제력이 없다". 다만 디오도투스는 형벌의 정당화의 논거로 범죄억제효과 관념을 부인함으로써 그것을 인정하는 벡카리아와 입론을 달리한다. 즉 그는 "사람들이 하고 싶은 계획에 기울어질 때, 법의 힘이나 다른 공포에 의해 그 욕구를 억제시킬 수 있다는 생각은 불가능할 뿐더러 어리석은 것이다"고 지적했다.

[2] 이러한 입론은 사회계약론적 견지에서 전개되는데, 벡카리아의 비판자들은 이 점을 놓치지 않는다. 예를 들어 파치나이는 누구도 주권자에게 처벌권 자체를 양도하지 않을 것이라고 주장할 수도 있을 것이라고 반박한다. 한편 철저한 공리주의자들은, 벡카리아와 결론을 같이하면서도, 그의 계약론적 논거를 개탄하였다.

[3] 사형이 일종의 전쟁행위라 주장할 때, 벡카리아는 사실상 사형이 제재행위가 아닌 말살행위라 말하고 있는 것이다. 국가는 제재할 권리

를 갖고 있다고 주장함은 당연하다. 그러나 (사형의 위하와 대조되는) 사형자체는 결코 제재행위일 수 없다. 이같이 사회계약론적 근거에 의하여도 사형에 대한 반대논거를 확실히 개발할 수 있다. 한 예로 Thomas W. Satre, "The Irrationality of Capital Punishment," The Southwestern Journal of Philosophy 6(1975): pp. 75-87 참조.

4 루소는 '사회계약론'에서 다음과 같이 쓰고 있다. "어떤 사람이 살아 있는 한 위험이 되는 경우를 제외하고는, 그를 사형에 처할 어떠한 권한도 없다. 타인에게 본보기를 제공하기 위해서 일지라도 사형할 권한은 없다"

5 엘리자베드 1세(1741-1762)는 사형에 반대하여, 1753년과 1754년 두 개의 칙령으로 사형을 폐지하였다.

6 이 문구는 범죄자를 인격체라기보다는 단순히 대상교훈(object lesson)으로 생각하는 공리주의적 사고를 보여준다. 후에 벡카리아는 경미범죄에 대한 공공노역형에 반대하였다. 공공노역형은 본질적으로 품위를 저하시키는 것이므로 어떤 종류의 범죄에 대해서도 사용되어서는 안 된다고 시사하였다.

7 18세기에는 사회의 하층민들(범죄자의 대부분은 하층민들이다)이 형의 공개적 집행을 대하면서 범죄자에 대해 동정하거나 호기심을 갖는 것이 일반적인 현상이었다. 처형장면이 "건전한 공포감"(salutary fear)을 자아내는 경우는 드물었다. 푸코, '감시와 처벌'; Kaplow, Names of Kings 참조.

8 1-2세기의 로마의 황제들은 신민들의 평화와 복지를 위해 애쓴 것으로 유명하다. 역사상 5현제(賢帝)의 시대로 불리기도 한다.

9 헤겔의 '법철학'에는 벡카리아의 사형폐지론의 공적을 다음과 같이 기술한다. "벡카리아의 사형폐지를 위한 노력은 대단히 유익한 효과를 가져왔다. 오스트리아의 요셉 2세와 프랑스 혁명정부도 사형을

전적으로 폐지하는 데 이르지 못했지만, 이제 어떤 범죄가 사형을 받아 마땅하고 어떤 범죄에 대해 사형이 불가한가 하는 점을 살펴보기 시작했다. 사형의 적용은 훨씬 드물어졌으며, 사실상 극형으로 간주된다." 헤겔의 '법철학' 참조. 더 이상 사형은 당연한 형벌이 아니라, 정당화를 애써 필요로 하고, 존치론의 경우에도 무작정 확대될 수 없다는 사실은 벡카리아 이후 분명해졌다.

[10] 여기서 다시 한번 벡카리아는 몽테스키외가 높이 평가한 귀족주의적 중간기구, 즉 프랑스의 의회와 밀라노의 원로원 등을 겨냥하고 있다.

[11] 후일(1792년) 벡카리아는 오스트리아 정부를 위하여 사형에 관한 비망록을 마련하였다. 그 비망록에서는 본장의 주장들이 반복되고 있지만, 하나의 새로운 내용을 추가하였다. 다른 형벌과 달리, 사형은 절대적으로 돌이킬 수 없는 형이라는 것이다. 따라서 그는 전적으로 오판의 여지없는 사건에 대하여만 사형이 과해져야 한다고 주장하였다. 그러나 인간은 무오류의 존재일수 없는 까닭에, 벡카리아는 사형을 과할 정도의 충분한 확실성은 결코 보장될 수 없을 것이라고 결론지었다. 이는 사형폐지론에 대한 가장 강력한 논거 중의 하나로 되어 있으며, 현대의 사형폐지론도 이 논증에 상당히 의존하고 있다. Jeffrie G. Murphy, "Cruel and Unusual Punishments," in Retribution, Justice, and Therapy, ed. Murphy(Boston, 1979) 참조.

29

[1] 이 문구는 몽테스키외의 다음 표현에 의거한 보인다. "철학적 의미에서 자유는 개개인의 의지를 행사하는 것, 보다 포괄적으로 말하자면 적어도 자신의 의지를 행사하고 있다는 여론 속에 존재한다. 정

치적 의미에서 자유는 안전, 혹은 최소한 사람들이 안전하다고 느끼는 바의 여론 속에 존재한다." '법의 정신' 참조.

2 벡카리아의 시대에 재판관은 누구를 구속할 것인가에 대하여 거의 무제한적인 재량권을 행사하였다. Randall MacGowen, "The Image of Justice and Reform of the Criminal Law in Early Nineteenth-Century England," Buffalo Law Review 32: 89-124 참조.

3 밀라노인으로써 벡카리아는 물론 노르만족의 일파인 롬바르드족을 언급하고 있다.

30

1 생애를 통하여 벡카리아는 사유재산권이 사회적 권리이며 자연권이 아니라고 주장하였다. 몽테스키외는 대인범죄와 재산범죄를 구별하는 데 각별한 노력을 기울였다.

31

1 18세기의 많은 법제도는 "절반증거"(half-proofs)를 인정하였는데, 남의 이야기를 들어 옮기는 전문증거(傳聞證據)가 그러한 경우에 해당한다. Gay, Voltaire's Politics, p. 302; 푸꼬의 '감시와 처벌' 참조.

2 성적 매력에 대한 (위 저자 주에서의) 벡카리아의 '뉴턴식'의 분석은 그 주제에 관한 벤담의 공리주의적 고찰에 일정한 시사를 주었다. 벤담의 '도덕과 입법의 제 원리' 참조.

3 몽테스키외는 풍토가 성적 욕구에 결정적 영향을 미친다고 주장했다. 그에 따르면 성적 욕구는 차가운 나라에서보다는 따뜻한 나라에서 더 강하다고 한다. 몽테스키외, '법의 정신' 참조.

4 즉 욕구의 총량의 비유임.

5 벡카리아의 부친은 벡카리아가 선택한 배우자에 반대하였고, 그 때문에 벡카리아는 큰 어려움을 겪었다. 이 장에서 벡카리아는 한번 더 가장의 권력을 비판하고 있다.

6 몽테스키외는 동성애에 대한 잦은 소추를 개탄했다. 교육기관과 교육활동이 타락하지 않았다면 동성애의 사례는 매우 드물 것이라 생각했다. '법의 정신' 참조.

7 벡카리아는 당시의 대부분의 청소년들과 마찬가지로 남성전용학교에서 교육을 받았다. 그리고 로마 카톨릭교를 신봉하는 다른 나라 대부분의 엘리트와 마찬가지로 목회자로부터 교육을 받았다. 그는 후에 제주이트식 교육을 "광신적"(fanatical)이었다고 비판적으로 기술하였다.

8 몽테스키외는 지적한다. "자연에 반한 죄는, 가령 청소년들이 나체로 운동하게 했던 그리스의 관습과 같이, 어떤 특수한 관습에 의해 조장되지 않는다면 결코 크게 진전될 수 없을 것이다 … 이러한 범죄를 조장할 수 있는 관습을 없애고, 여타의 도덕률의 위반과 같이 엄금하도록 하라. 그러면 자연은 곧 자신의 권리를 방어하고 회복할 것이다."

9 출산에 따른 위험이 컸고, 낙태는 대단히 위험하였던 18세기에는, 미혼모 사이에서는 영아살해가 상대적으로 일반적이었다. 칸트는 산모의 영아살해에 대하여 논하면서 벡카리아와 유사한 결론에 이르렀다. 칸트는 만약 모든 법률과 관습이 여성의 가치를 성적 순결성에서만 찾으려 하여 여성의 사생아를 대단한 불명예의 원인으로 본다면, 아동에 관한 한 그녀는 일종의 자연상태에 놓여있는 셈이다. 그러한 상황에서 영아살해는 살인이 될 수 없다고 하였다.

32

1 18세기에 자살은 일반적으로 파렴치한 범죄로 여겨졌다. 따라서 그 "범죄자"는 모의재판에 부쳐져 공개적 모욕을 받았고 장례도 수치스러운 방식으로 집행되었다. 때로 그 자살자의 재산의 일부 혹은 전부가 몰수되었다. Maestro, Origins of Penal Reform 참조.

2 초기에 몽테스키외는 자살을 처벌할 어떠한 정당성도 없다고 주장하였다. '페르샤인의 편지' 참조. 더하여 후기에는 자살한 자의 재산을 차지하려는 통치자의 탐욕성에 대해 개탄하였다. '법의 정신' 참조.

3 18세기에 롬바르디아를 포함한 대부분의 이태리 주에서는 이민을 금지하고 있었다. 이러한 법은 충분한 노동력을 확보하기 위한 것이었으나 거의 시행되지 않았다. Woolf, History of Italy, 1700-1860: The Social Constraints of Political Change(London, 1979) 참조. 이하의 논의는 그 같은 법제에 대한 공격이다.

4 베리는 롬바르디아가 바람직하지 않은 무역균형을 이루고 있으며, 이러한 상태를 반전시키기 위하여 모든 노력을 기울여야 한다고 주장였다. 1763년 그는 밀라노 무역사를 발간하였고 1764년에는 당시의 무역불균형에 대한 비공식적 설명을 발간하였다. 두 번째 과제는 그로써도 대단히 어려운 작업이었다.

5 몽테스키외는, 군주제에서 사치는 가난한 자들에게 일거리를 주고 부의 지나친 집중을 방지하므로 사치가 필요하다고 하였다.

6 베리는 사치에 반대하지는 않았지만 대량소비산업??이 발달하기를 희망하였다. 그는 대량소비산업이 평등과 번영을 가져올 것이라 믿었다. 마찬가지로 벡카리아도 '정치경제에 대한 강연'에서 대량소비산업을 옹호했다.

33

[1] 18세기 대부분의 유럽국가와 마찬가지로 롬바르디아도 내국 관세장벽에 의하여 분할되어 있었다. 롬바르디아에서는 1787년에 이르러야 관세장벽이 철폐되어, 자유무역이 실시되었다. 벡카리아는 국내의 자유무역을 옹호했지만, 국제무역은 예외적인 행위라고 생각하였다. 이 장에서 그의 언명은 국제밀수에 못지않게 국내밀수를 염두에 두고 있다.

[2] 벡카리아는 후에 *Il Caffè*지에 밀수입에 관한 수학적 분석에 관한 글을 기고하였다. 거기서 그는 밀수입을 상품의 가치, 관세의 수준, 그리고 수반되는 위험 등의 요소를 다루고 있다. 그 글은 경제적 쟁점을 수학적으로 다룬 선구적 작업이었다.

34

[1] 벡카리아의 동료집단 성원들은 대개 과거로부터 전래된 법률·관습·제도들이 경제활동에 적대적이며 밀라노의 상업발전을 치명적으로 제약하고 있다고 믿었다.

35

[1] 교회에 비호를 구할 수 있는 범죄자의 권리는 고대의 산물이며 이태리의 일부에서는 19세기 중반까지 존속했다. 이러한 종교적 특권은 롬바르드에서는 요셉 2세 때 폐지되었다.

36

[1] 봉건적 법학은 사적 법률을 공적 법률의 지위로 격상시켰다. 봉건적 유대감에 예속되어 있었던 중세에는 주군에 대한 배신은 매우 엄중한 범죄로 간주되었다. 18세기의 주석서로는 Hume, History of England 참조.

37

[1] 벡카리아는 앞부분에 공범밀고자에 대한 형면제의 필요성과 유익성을 열거했지만, 여기서 밀고에 대한 개인적인 혐오감을 동시에 피력하고 있다. 정의로워야 할 법이 사기를 유도하고 배반과 밀고를 합법화하는 자기모순에 고통스런 감정을 갖는 것이다.

[2] 자백과 증거를 입수하기 위하여 허위로 또는 불법적으로 형의 면제를 약속하는 행위는 많은 법학자들의 비난에도 불구하고 당시에 일반적 관행이었다. 예를 들어 이러한 방법은 1630년의 한 재판에서 역병을 퍼뜨렸다는 죄목으로 기소된 밀라노 인들에 대해서도 적용되었다.

39

[1] 18세기에 대부분의 법전에서는 종교적 죄악(sin)과 범죄(crime)가 구분되지 않았다. 그리고 국가는 교리를 준수하지 않는 자에게 제재를 과함으로써 공교회를 원조하였다. Jenkins, "Varieties of Enlightenment Criminology" 참조.

2 몽테스키외에 따르면, 몇몇 종파가 특정 국가에서 뿌리를 내리고 있으면, 그 종파들은 모두 관용되어야 한다고 주장한다. Montesquieu, 법의 정신.

3 벡카리아는 이러한 견해를 누군가가 심각하게 받아들이리라고는 생각지 않았을 것이다. 그러나 그가 주창한 견해에 동조하여 1781년 요셉 2세는 롬바르디아를 포함한 오스트리아 전 지역에 종교적 관용(자유)을 확립하였다.

40

1 헬베티우스는 '그릇된 공리관념'을 위와 유사하게 비판하였다. 그의 '정신론' 참조.

2 이 생각들 역시 헬베티우스에 연유하는 것으로 보인다.

3 이러한 철저한 방법론적 개인주의는 공리주의의 특징이다. 벤담이 말했듯이, "공동체의 이익이란 그렇다면 무엇인가? — 공동체를 구성하는 개개인의 이익의 합계이다." 그의 '도덕과 입법의 제원리' 참조.

4 이러한 언명은 루소에게서 끌어온 것이다. 홉즈를 비판하면서 루소는 미개인은 무도덕적(amoral)하지만 부도덕한(immoral) 것은 아니며, 자신의 동료를 이유없이 해하지 않는다고 주장하였다. 그의 '인간불평등기원론' 참조.

5 전제정과 공포 그리고 전제군주의 불안전감에 대한 벡카리아의 언명은 몽테스키외가 처음으로 주장하고 헬베티우스가 발전시킨 견해에 근거하고 있는 것으로 보인다. 헬베티우스의 '정신론' 참조.

41

[1] 입법의 목적에 대한 이러한 견해는 헬베티우스와 베리가 주장한 것이다.

[2] 전제국가에서 국민들의 타락과 무기력에 대하여 설명할 때 벡카리아는 몽테스티외의 풍토법론에 의존하고 있다. 몽테스키외는 더운 기후는 비겁, 잔인성, 욕망 그리고 독재를 조장한다고 하였다. '법의 정신' 참조.

42

[1] 이러한 진술과 뒤의 많은 진술들은 학문과 예술에 대한 루소의 통렬한 비판에 대한 응답으로 보인다. 루소의 '학문예술론' 참조.

[2] 벡카리아는 1765년 롬바르디아의 오스트리아 정부에 『범죄와 형벌』 한 부를, 관직을 요청하는 편지와 함께 우송하였다. 그는 러시아 조정으로부터 자문역을 제의받기도 했고, 마침내 오스트리아 정부에 의해 롬바르디아 관리로 임용되었다. 여생 동안 그는 공무원으로 일했다.

[3] 1760년대 중반부터 오스트리아 정부는 벡카리아가 속한 서클 멤버의 대부분을 고용하였고, 이들은 롬바르디아에서 계몽적 개혁정책의 선봉이 되었다.

44

[1] 프랑스학술원은 '학문과 예술이 인류에게 행복을 주었는가'의 주제로 논문을 공모하였다. 장 자크 루소는 이 공모에 응하여 '학문·예술론'을 썼고, 이는 수상작으로 결정되었다. 다음 공모에도 응하여 루소는 유명한 '인간불평등기원론'을 집필할 수 있었다.

45

[1] 루소와 그의 유명한 교육철학서 『에밀』(1763년 초간)을 가리킨다. 파치나이의 벡카리아 비판 항목에는 그가 루소의 추종자라는 점도 포함되어 있다.

46

[1] 칸트는 여러 가지 면에서 벡카리아와 견해를 달리했지만, 이 점에 대해서는 벡카리아와 같은 근거로 동의하였다. "사면권—형을 감경하거나 면제하거나—주권자의 권한 중에서 가장 불안정한 것이다. 사면권을 행사하면서 주권자는 지존의 위엄을 과시하지만 동시에 자신의 불공정함을 드러내었다. 한 신민의 다른 신민에 대한 범죄에 있어서 주권자는 사면권을 전혀 행사할 수 없다. 왜냐하면 이러한 경우 형의 면제는 그의 신민들에 대해 가장 불공정한 처사가 될 것이기 때문이다." '정의론' 참조. 벡카리아와 칸트는 정의를 가능한 한 특정한 개개인의 것이 아닌 비인격적인 것으로 하려고 했다.

47

[1] 프랑스 혁명 직후 국민의회에서 공포되었고, 근대법질서의 초석이 된 '프랑스 인권선언'(인간과 시민의 권리선언, 1789. 8. 26) 제8조에서 벡카리아의 영향이 직접적으로 보여진다. "절대적이고 명백하게 필요한 경우를 제외하고는 법으로 형을 과하여서는 안 된다. 행위 이전에 공포되었고, 합법적으로 적용되는 법률에 의하지 않고는 누구도 처벌되어서는 안 된다."

역자 한인섭

서울대학교 법학전문대학원 교수로 재직 중이다.
한국형사정책학회, 법과사회이론학회, 참여연대 등에서 활동해 왔고,
한국형사·법무정책연구원장, 법무·검찰개혁위원회 위원장 등을 역임하면서,
시민이 중심이 되는 사법·형사·법률가 양성의 개혁에 힘썼다.

지은 책으로 「가인 김병로」, 「100년의 헌법」, 「식민지 법정에서 독립을 변론하다」,
「형벌과 사회통제」, 「5·18재판과 사회정의」, 「한국 형사법과 법의 지배」,
「권위주의 형사법을 넘어서」 등이 있다.
민주화운동에 대한 심층대담으로 「인권변론 한 시대」(홍성우 변호사),
「이 땅에 정의를」(함세웅 신부), 「그곳에 늘 그가 있었다」(김정남 선생) 등이 있다.
펴낸 책으로 「국민의 사법참여」, 「한국 현대사와 민주주의」, 「양심적 병역거부와
대체복무제」, 「한국의 공익인권소송」, 「정의의 법, 양심의 법, 인권의 법」 등이 있다.

범죄와 형벌

2006년 12월 5일 초판발행
2024년 11월 10일 중판발행

저 자 체사레 벡카리아
역 자 한 인 섭
발행인 안종만·안상준
발행처 (주) 박영사
서울특별시 금천구 가산디지털2로 53, 210호(가산동, 한라시그마밸리)
전화 (733)6771 FAX (736)4818
등록 1959. 3. 11. 제300-1959-1호(倫)

www.pybook.co.kr e-mail: pys@pybook.co.kr

정 가 15,000원 ISBN 978-89-6454-563-8